本书出版受到以下资助：

河北经贸大学学术著作出版基金

河北省高等学校科学研究——人文社会科学研究青年基金
项目（SQ151018）

河北省社会科学基金项目（HB15GL088）

国家自然科学基金面上项目"董事会非正式沟通对决策质
量的影响研究：路径、机理与效应"（71372093）

石晓飞 著

民营上市公司创始人与董事会治理有效性研究

Research on Founder and Governance Effectiveness of Board in the Listed Private Enterprise

中国社会科学出版社

图书在版编目（CIP）数据

民营上市公司创始人与董事会治理有效性研究/石晓飞
著 . —北京：中国社会科学出版社，2016.6
ISBN 978 - 7 - 5161 - 7729 - 7

Ⅰ.①民… Ⅱ.①石… Ⅲ.①民营企业—上市公司—
董事会—企业管理—研究—中国 Ⅳ.①F279.245

中国版本图书馆 CIP 数据核字(2016)第 045881 号

出 版 人	赵剑英	
责任编辑	侯苗苗	
特约编辑	沈晓雷	
责任校对	石书贤	
责任印制	王 超	
出 版	中国社会科学出版社	
社 址	北京鼓楼西大街甲 158 号	
邮 编	100720	
网 址	http：//www.csspw.cn	
发 行 部	010 - 84083685	
门 市 部	010 - 84029450	
经 销	新华书店及其他书店	
印刷装订	三河市君旺印务有限公司	
版 次	2016 年 6 月第 1 版	
印 次	2016 年 6 月第 1 次印刷	
开 本	710×1000 1/16	
印 张	12.5	
插 页	2	
字 数	196 千字	
定 价	46.00 元	

凡购买中国社会科学出版社图书，如有质量问题请与本社营销中心联系调换
电话：010 - 84083683

前　言

自 20 世纪 80 年代以来，随着国家整体经济发展政策中相关管制的逐步放开，中国民营经济已经历了 30 余年的市场考验，并取得了快速成长。到现在，在实体经济中民营企业已经成为重要的中坚力量和经济发展的重要推动力。民营企业一直是颇受关注的研究对象，随着各类相关研究的深入，在这一领域不断衍生出新的研究课题。在民营企业中存在一类特殊的人物，即创始人，他们在企业的产生和发展过程中起着重要的作用。不同于国有企业的国家控股性质，民营企业主要是被个人或家族创立并控制的，它们的创立者也就是企业的经营者与所有者，本书所指创始人就是这些创立者。

本书以 2004—2011 年中国民营上市公司为研究对象，考察了创始人对公司价值的影响，以及创始人担任公司董事时对董事会治理有效性的影响。研究发现，创始人的存在显著地提升了公司价值，当创始人以董事角色存在于董事会中时，能够有效提升董事会治理有效性。本书分为八章：第一章介绍了研究的背景、全书结构安排和主要贡献；第二章是文献述评，将与本书相关的研究文献如创始人、创始人与企业的关系以及董事会治理有效性方面的研究进行详尽的述评；第三章对创始人与民营企业成长制度背景进行了分析；第四章是在之前分析的基础上，进行了理论推演并提出了本书的研究假设；第五章实证检验了创始人、公司治理与公司价值之间的关系；第六章深入到董事会结构内实证检验了创始人董事对董事会治理有效性的价值贡献；第七章从代表董事会治理有效性的代理成本、薪酬业绩敏感性、CEO 更替业绩敏感性和董事会行为上，检验了创始人董事对董事会治理有效性的影响；第八章对全书结论进行了总结，指出了本书的局限性并在此基础上进行了研究展望。

　　总体而言，本书在我国市场经济的特殊背景下，细致地研究了民营上市公司中创始人如何影响公司价值，考察了创始人董事及其特征的影响，在此基础上又进一步探讨了创始人董事对董事会治理有效性的影响。本书明晰了创始人影响公司价值的路径，突破了以往单纯研究管理者影响公司价值的范式，将创始人对企业的影响推进到了具体的治理层面，从创始人的结果性层面深入到创始人董事对董事会治理有效性的影响，在董事会结构内研究了创始人董事与董事会治理之间的关系。这一研究在理论上不仅拓展了现有的研究视角，而且有助于我们从根源上理解创始人影响董事会治理和公司价值的作用机理；在实践中，为民营企业创始人这一特殊管理角色对企业的影响提供了直接证据，对创始人与企业的相生发展提供了一个新的和更加本质的认识。

目　录

图目录

表目录

第一章　绪　论

本章以民营企业与创始人之间的关系为基点概括了本书的研究背景，确定了所要进行研究的基本问题，并提出了研究的意义，基于以上内容理顺了研究的概念关系和基本思路，并确定了可支撑本书的研究方法，阐述了本书的研究内容框架，归纳了本书的创新点。

第一节　研究问题的提出

一　研究背景

（一）民营企业发展中创始人的重要性

自 20 世纪 80 年代以来，随着国家整体经济发展政策管制的一步步放开，改革开放的成效非常显著，各种经济成分发展迅速。国内民营企业从萌芽、成长到逐步成熟，经历了 30 余年的市场洗礼，取得了快速的发展，如今民营企业已经成为实体经济的中坚力量，民营经济也越来越成为国家经济发展的重要推动力。在整体经济发展中民营企业扮演着越来越重要的经济角色，成为社会经济的重要组成部分，也一直是颇受注重的研究对象，随着各类相关研究的深入，在这一领域不断衍生出新的研究课题。在民营企业的成长中，创业企业家是功不可没的，他们也已经成为社会经济发展的中坚力量，一个好的创业者对企业的成功起着关键的作用，他们的成长也直接关系到整体经济的发展和社会的进步，即使在民营企业上市后大部分创始人仍在企业中起着举足轻重的作用。民营企业家这一群体拥有高度的洞察力，他们抓住市场的机会和政策的支持，很快地发展起了自己的企业，在企业的成长过程中形成了较强的经营管理能力，并且能够充分利用内外部各种资源，与企业共同面对经济环境和社会环境的变化。

企业的成功正是这些创业型企业家成功的重要体现，在中国民营企业中就存在着一类这样的特殊人物，即创始人（founder），他们在企业的产生和发展过程中起着重要而且不可替代的作用。相对于国有企业来说，大多数民营企业都是由个人或家族创立并控制的，企业的创立者也就是企业的经营者与所有者，本书所指创始人就是这些创立者。民营企业上市后股权进一步分散，创始人却仍然保持着对公司经营权的控制，这也是市场经济和现代企业制度中一种常见的现象。这种控制的一个突出表现是，创始人的个人意愿和行为往往反映在企业的经营方针和动向上。尤其在我国，民营企业的发展有其自身的独特根源与路径，且其有着特殊的生存环境与底蕴。在这样的情境下，从中国商业文明体现出的"关系治理"和"面子文化"的典型特征使得民营企业中创始人的政治资本和社会资本对于企业的影响应该是更加重要的，这也让创始人的相关研究更具有现实意义。

（二）创始人对民营企业发展的影响

民营企业创始人是我国经济中较早以市场为取向的新型管理者，是在中国特定的政治、经济和社会环境下，也是从政策的推进中成长起来的，他们是经济个体中最有生机和活力的管理阶层，具有鲜明的个性特征和突出的业绩表现。作为企业的缔造者，民营企业创始人见证了企业的产生，并伴随着企业的发展，为企业带来了不同的文化和思维，对企业的各方面有着不同程度的影响。在20世纪80年代，诞生了一批资源型的民营企业，靠创始人的关系和头脑很快地成长；在20世纪90年代，诞生了勤劳型的民营企业，靠的是创始人的坚持和不怕辛苦的精神；在21世纪初，诞生了更多的技术型和信息型民营企业，靠的是创始人的头脑和对于市场需求的清晰认知，市场、政策与创业者共同成就了现在的民营企业。

在企业生命进程中，创始人参与了企业的产生与发展，与企业有着扯不断的联系，一直都处于企业管理和决策的核心。最早对于企业创始人的研究，更多的是从组织理论和企业家理论角度以定性研究方法对创始人的界定与创始人相关活动进行研究，一系列研究表明创始人从自身特征、行为方式到对企业的影响都有着显著特点，有别于普通的管理者，具有特殊的研究意义。当创始人参与到企业管理中时，对企业中其他决策参与者来说，创始人特殊的知识、经验和组织地位使他们成为重要的管理角色，所以，相对于公司高层管理团队的其他成员，这一角色的影响更可能导致创始人在公司组织战略、结构和行为设计中发挥特殊作用（Gimeno et al.，1997）。[①] 而且，Baron 等（1999）在研究中指出创始人对组织蓝图的规划一旦制定和付诸实施，就可能"锁定"在其特有的结构中，从而成为之后决策遵循的前提条件，这也进一步凸显出了创始人在企业中的重要地位。[②]

（三）创始人与民营企业公司治理的完善

中国是具有显著经济增长势头的新兴经济国家，对公司治理的诉求与日俱增，所以中国公司治理有效性的问题逐渐成为理论界关注的热点。委托—代理理论认为，企业的股东和管理者拥有不同的利益，这些利益需要依靠诸如股权结构、董事会、控制权市场和经理人市场等内部和外部治理机制来协调，因而公司治理有效与否取决于所有者监督和控制管理者的能力，而且制度理论认为新兴市场经济中的公司治理受到代理理论以外诸多因素的影响。中国作为新兴经济国家，具有独特的制度环境，其深深地根植于中国政治体制和社会意识中，有着特殊的底蕴和背景，其公司治理机制中也嵌入

---

① Gimeno J.，Folta T. B.，Cooper A. C.，Woo C. Y.，"Survival of the Fittest: Entrepreneurial Human Capital and the Persistence of Underperforming Firms", *Administrative Science Quarterly*，Vol. 42，No. 4，1997，pp. 750 – 783.

② Baron J. N.，Hannan M. T.，Burton M. D.，"Building the Iron Cage: Determinants of Managerial Intensity in the Early Years of Organizations", *American Sociological Review*，Vol. 64，No. 4，1999，pp. 527 – 547.

了中国的文化准则。民营企业的成长更是如此，在民营上市公司治理结构中，创立者即创始人为了企业的发展与管控，往往对企业拥有绝对的剩余索取权和剩余控制权，且他们与其他管理者相比对企业的情感差异较大，所以他们拥有更为强烈的营利欲望与最大限度的经营自主权需求。在此背景下，在民营企业的管理机构中创始人一直以核心的管理角色参与企业的运营与决策，这也必然使其选择并存在于董事会成员当中，担任董事长或董事来干预董事会这一核心机构的运行。Li 和 Srinivasan（2011）研究的结果也表明创始人董事和更高的公司价值之间是有一个联系渠道的，董事会决议的执行与效果同时印证创始人董事对公司价值有着积极的影响作用。①

在民营上市公司中，创始人往往拥有所创立公司相当比例的所有权，经典的公司治理理论告诉我们，管理者拥有相当比例所有权是减轻委托—代理问题的有效机制（Fama & Jensen，1983②；Nelson，2003③）。董事会治理是公司治理体系的重要核心，而且董事会这一重要的公司治理机构作为公司法人财产执行主体，行使着企业经营决策的相关职能和对经理人员进行客观评价和监督的职能，所以其职能的有效性是保证公司长远发展和维护广大股东利益的关键问题。Fama（1980）将董事会形容为公司的最高级别的中心控制系统，并且认为一个企业如果拥有良好的董事会将会比拥有质量较差的董事会更能够持续创造出优良的经营业绩。④ Li 和 Srinivasan（2011）也在其研究中用样本数据证实相比没有创始人董事存在的公司，存在创始人董事的公司会有更好的董事会决议，且董事会成

---

① Li F.，Srinivasan S.，"Corporate Governance when Founders are Directors"，*Journal of Financial Economics*，Vol. 102，No. 2，2011，pp. 454 – 469.

② Fama E. F.，Jensen M. C.，"Separation of Ownership and Control"，*Journal of Law and Economics*，Vol. 26，No. 2，1983，pp. 301 – 325.

③ Nelson T.，"The Persistence of Founder Influence：Management Ownership and Performance Effects at Initial Public Offering"，*Strategic Management Journal*，Vol. 24，No. 8，2003，pp. 707 – 724.

④ Fama E. F.，"Agency Problems and the Theory of the Firm"，*The Journal of Political Economy*，Vol. 88，No. 2，1980，pp. 288 – 307.

员有更勤奋的表现，创始人董事能够更有效地监督董事会。[①]

二 研究问题

通过以上几个方面的分析，从背景上我们可以明晰民营企业创始人对企业发展的重要性以及其在企业的发展中给企业带来的各种影响。基于以上认识，创始人既然是企业中这样一个特殊且重要的管理角色，其对企业具体的影响也一直备受关注，那么我国民营上市公司中创始人存在于董事会中，这会对企业董事会治理方面产生哪些影响呢？创始人对企业活动和结果影响的内在路径是什么呢？所以本书拟以我国民营上市公司为对象，以存在创始人的民营上市公司与其他民营上市公司共同组成的样本来检验相关研究问题。

本书中主要拟研究的问题如下：

第一，在民营上市公司生存与成长中创始人以不同的角色参与到企业管理中，企业的实际控制人、董事长、CEO或董事等角色中均不同程度地存在创始人的身影，创始人的存在会对企业的整体市场价值与公司治理水平带来什么样的影响？创始人、公司治理与公司价值之间关系如何？这些问题是进一步讨论创始人对公司治理内部影响的基础。

第二，正如上文所述，按上一问题"创始人—公司治理—公司价值"的基本逻辑，以创始人存在于董事会中为基础，其对董事会的影响如何体现在价值上，不仅是创始人价值的体现，更是基于董事会有效性的一种效果体现。进一步，创始人董事对公司价值的贡献是否随着企业规模的变化和企业发展有所变化？从创始人对企业成长的影响与监督作用来看，其形成的自身素质、专业能力和资源能力等均起到了有效的支撑作用，所以我们从创始人董事特征来检验创始人的年龄、专业、教育及政治关联对董事会运作价值效应的表现如何，以及进一步分析创始人这些背景的特性。

第三，基于以上逻辑，创始人更多地以董事的角色存在于企业

---

① Li F., Srinivasan S., "Corporate Governance When Founders are Directors", *Journal of Financial Economics*, Vol. 102, No. 2, 2011, pp. 454 – 469.

中，为进一步分析创始人与公司治理之间的关系，我们以创始人董事为基础分析创始人对董事会治理有效性的影响，这是研究创始人对企业影响的更深层次的分析。董事会的有效性不仅体现在价值和业绩上，更多地应该体现在监督程度、高层激励、CEO 的更替和自身运作效率上，所以本书检验创始人是如何从以上角度影响董事会治理有效性的，以期为"创始人与董事会治理有效性"的关系提供进一步的经验证据。

综合以上几个方面的主要研究问题，从创始人、公司治理和企业价值的基本逻辑，层层打开创始人对企业的影响，并深入地分析创始人对董事会治理有效性的影响，从而更加直接地探讨创始人对公司治理有效性的贡献。

三 研究意义

本书的研究目标是探讨民营上市公司中创始人对董事会治理有效性的影响，从而更加明晰创始人对公司治理与公司价值影响的基本路径和内在机理，进而增进对民营企业中创业者与企业共同成长历程的认识和理解。基于上述核心问题，开展深入而且系统的研究具有十分重要的理论价值和实践意义。

第一，理论层面，在民营企业创建与成长的背景下，对民营企业创始人如何影响公司价值进行细致的研究设计，考察支撑创始人董事影响力和监督效用的背景特征的影响力，在此基础上又进一步探讨创始人对于董事会治理有效性的影响，这一基本的研究逻辑是对创始人研究的一个有益的补充，也是对民营企业研究、家族企业研究的进一步深化，并且这一研究可以丰富现有且相对成熟的企业家理论分析框架。

第二，构建创始人对公司治理和公司价值的影响模型，进而对具体的路径进行分析，从创始人的角度解释其对董事会治理有效性的影响，将实现对以往单纯研究管理者影响公司价值基本范式的突破，从具体的治理层面来验证创始人对企业的影响，且在公司治理框架下，从创始人及其特征对企业影响的研究思路进行分析，这对创始人相关研究具有重要的边际贡献。

第三，实践层面，首先，在我国民营企业发展的特殊成长背景下，基于企业家与企业关系的成长历程与制度背景分析，对创始人影响的具体分析无疑将增进我们对创始人自身重要性的认知；其次，从创始人本身及其特征对董事会治理有效性贡献中，能更清晰地理解创始人对于公司治理的作用；最后，关注创始人在企业发展与传承中的特质和行为，适时、适度地发挥创始人的管理作用，这也许是实现民营企业持续发展和顺利传承的根本之策。

第二节　研究思路与研究方法

一　研究思路

（一）核心概念及关系

基于以上对于研究问题的界定，在本书研究中所涉及的基本核心概念有创始人、创始人董事、创始人董事特征、公司治理、董事会治理、董事会治理有效性及公司价值等。对以上核心概念我们拟从三个层面进行研究的基本设计。

首先，我国民营上市公司中创始人客观存在，对其价值贡献的认识有助于从结果性层面认知创始人对于企业的影响。从创始人在企业当中担任的管理角色来看，更多地以控制人、董事长（董事）或CEO存在，他们均是公司治理结构中关键的管理职位，所以我们考虑到创始人对公司治理的影响，进而分析创始人、公司治理与公司价值之间的关系。

其次，创始人存在于企业中，往往掌握企业的实际控制权和管理权，即创始人身兼控制人、董事长甚至兼任CEO，并且以董事的身份存在于董事会中，这是较为常见的一种领导结构选择。与国外企业创始人担任CEO不同，我国企业中控制权和管理权的核心往往是董事长这一职位，即使这些创始人不在企业中担任这些关键职务，也会以普通董事的角色来干涉董事会这一企业的核心决策机构。所以我们进一步以创始人董事这一切入点，从董事会的价值效应上分析创始人对企业的影响，以及这种影响的动态性。从创始人对企业成长的影响与监督作用来看，其所形成的自身素质、专业能力和资源能力等均起到了有效的支撑作用，所以我们从创始人董事的特征出发检验了其影响，这一方面能够明确这些年龄、教育、专业和政治因素的影响；另一方面也能从创始人本身特征是否可传承角度理解创始人离开对企业的影响。

最后，在研究创始人对董事会治理的价值效应的基础上，从反映董事会治理有效性更直接的指标来检验创始人董事的作用，前一部分已经检验了价值性效果，那么基于委托—代理理论，董事会的基本职能是监督、激励和选择经理人员，所以我们将设计创始人董事对代理成本、高管薪酬敏感性与 CEO 更替薪酬敏感性影响的检验，进一步地从董事会行为上验证创始人董事对董事会行为结果的影响，从而在以上效果、效率等多层面检验创始人对董事会治理有效性的影响。

依据上述的基本思路，绘制了如下核心概念关系图（见图1-1），以更加明晰本书的研究思路和脉络。

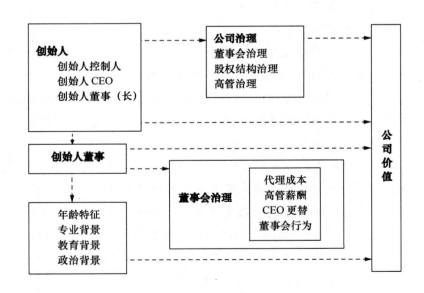

图1-1　核心概念关系

（二）技术路线

为完成本书的基本设计，从全书整体角度进行了技术路线的分析。以理论和文献为基础，从确定相关概念关系到收集数据、构建检验模型、数据检验，再到分析并形成相关结论，本书设计了一个循环修正的闭环技术路线图，力争更好地完成本书设定的研究内容。具体的技术路线设计如图 1－2 所示。

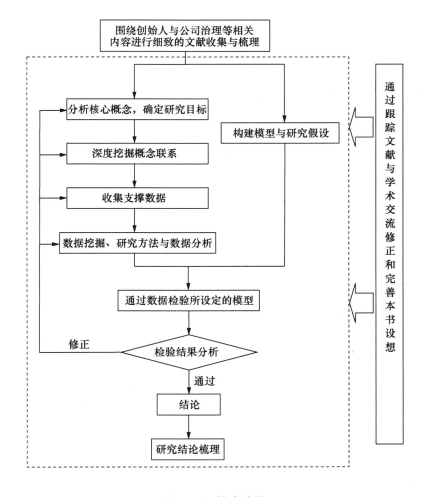

图 1－2　技术路线

二 研究方法

在研究问题提出和研究思路明确的基础上，好的研究方法是研究得以顺利进行的必要保障。在本书中需要应用规范与实证共同解决"应该是什么"和"事实是什么"的问题，以价值判断为基础，以理论的推演为基本逻辑提出相关问题的标准设定，以具体的经济行为和现象来验证，并能在验证与分析中得出规律性的理论来指导实践。研究方法是为研究问题服务的，所以本书基于研究问题寻找相应的研究方法来解决，并不拘泥于定性还是定量，方法之间互为支撑、互为帮衬，主要是能在多种方法的共同检验下得出更加稳健的研究结果和更加清晰的规律性结论。

（一）规范分析方法

规范分析方法是以一定的价值判断作为出发点和基础，提出行为标准，并以此作为处理经济问题和制定经济政策的依据，探讨如何才能符合这些标准的分析和研究方法。本书通过相关研究文献进行详细梳理与逻辑演绎，对创始人各角色与公司治理、公司价值等之间的相互关系进行理论分析与概括，在此基础上发现和总结现有研究的不足，并提出本书的主要问题与分析视角。

（二）实证分析方法

本书将以中国民营上市公司为研究对象，对我国民营上市公司的公司治理活动中的创始人角色及行为的作用机理与效果等进行理论分析和实证检验。本书主要采用实证分析方法。实证分析包括理论实证和经验实证。首先进行理论实证，从现实出发，概括抽象出基本关系并以此为起点进行理论上的逻辑演绎，并提出假设；然后进行经验实证，选择以上市公司为样本进行研究，验证理论的可靠性。

（三）数量分析方法

由于变量的不可直接测量和相关等特点，本书在分析变量间关系时主要采用主成分分析法、面板数据回归及工具变量法，选取STATA11.0软件包作为分析工具，而对样本的描述性统计则主要以SPSS 19.0统计软件包作为分析工具。本书所涉及的数量分析方法主要有以下几个方面：

（1）描述性统计。描述性统计主要对样本基本资料，包括样本公司的对比分析、样本主要特征分析，各主要研究变量各层面进行描述性统计，以说明各变量的均值、百分比、标准差、中位数、最大最小值等。

（2）相关性分析方法。是否能够体现变量间的依存关系是相关性分析的目标，且能够在相关性关系中具体得出变量之间的相关方向如何和相关的程度如何，这种统计方法被普遍应用于处理变量之间基本联系的环节。本书中主要应用 Pearson 相关性分析来进行研究主要样本变量之间关系推测的，从所得出的结果中来判断各主要变量之间的具体关系。

（3）主成分分析方法。本书中将应用主成分分析方法进行了公司治理指数的拟合，以表现公司治理的单变量为基础，通过简化多个变量数据集的方法来形成新的综合变量的方法。通过一个线性变换过程来处理数据，在一个新的坐标内分析出数据投影的结果，形成多个主成分指标，并在一定的表现力基础上选择主成分最终按照对原有变量的解释力来得出最后的综合变量。在数据分析中主成分分析能够降低数据集的维度，但又在最终形成的变量中包含了各单独变量的方差贡献。

（4）回归分析法。回归分析能够通过方程的建立检验解释变量与被解释变量之间的相关关系，是一种应用最为广泛和直接的研究方法。主要通过变量间数值关系的预测来证实相关变量之间的相关性，并且在模型构建中能够控制相关变量的影响，将主要的影响变量找到，而且只要能找到相关数据就可以应用这一方法进行具体的预测分析，所以它是一种简单并且行之有效的数据预测方法。

（5）面板数据分析方法。面板数据应用了时间序列和横截面两个维度综合来展现数据的时间差异与个体差异性，在进行具体的数据排列时，它们是同时展现在一个平面上的，这也是称之为面板数据的原因。本书研究问题涉及多年的时间延续性和公司间的个体差异性，所以从面板数据检验数据进行回归分析是对混合截面回归分析的一个有益的验证和补充。

（6）效度和信度分析。在进行数理统计分析之前，需要对样本数据的信度进行检验。所谓"信度"是指一个衡量工具的正确性，考察问卷测量的可靠性，是指测量所得结果的内部一致性度，本书采用一致性系数来分析信度。效度分析主要包括内容效度和构念效度两种，构念效度用来检验观测变量是否能够真正体现所要测度的变量，本书采用验证性因子分析来检验效度。

本书首先根据文献回顾选择变量，并决定变量间的关系方向设计出假想的理论模型，然后画出该模型的路径图，接下来写出此模型中变量间的关系方程式，其中包括对潜变量的结构模型及针对观测变量的测量模型方程，最后选择适当的估计法来估计变量间的关系数值。

第三节　研究内容与创新点

一　研究内容

本书研究的是创始人存在于民营上市公司中对企业的影响、存在于董事会中对董事会治理有效性的影响和价值效应的体现，为此，本书按以下基本逻辑研究这一主线问题，依据研究目标，本书的逻辑框架如图 1-3 所示。

第一章为绪论，本章概括了本书的研究背景，确定了所要进行研究的基本问题并提出了研究的意义，基于以上内容理顺了研究的概念关系和基本思路，并确定可支撑本书的研究方法，阐述了本书的研究内容框架，归纳了本书的创新点。

第二章对相关研究文献进行了评述，在创始人对企业影响及董事会治理有效性这两个大的方面集中了本书主题研究的相关支撑文献。前者主要分为创始人的界定、创始人的特征分析、创始人对企业影响这三个方面，后者则基于委托—代理理论对董事会治理有效性及其影响因素进行综述。在对相关支撑文献进行综述的基础上，本书对以上几方面的回顾进行了评述，并总结出了本书的研究方向。

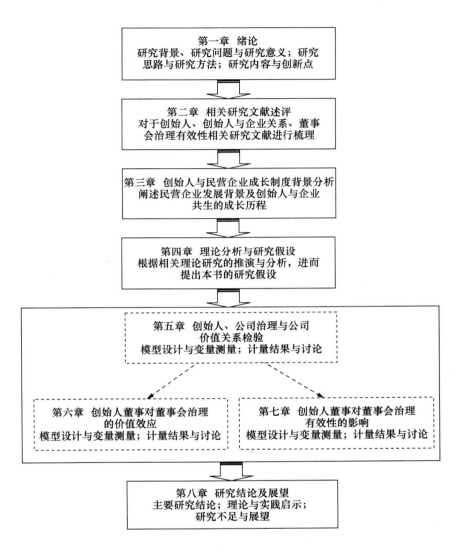

图1-3 本书逻辑框架

第三章为创始人与民营企业成长制度背景分析。主要分析了在我国改革开放以来民营企业的发展路径，创业者伴随企业成长的基本模式和现状分析。在此内容分析的基础之上，可以对我国创业者与企业发展关系的特殊性进行梳理与归类，更好地了解具有中国特色的民营企业发展的制度背景和创业者与企业关系的历史性和动态性的变化。

第四章为理论分析与研究假设，进一步在以上理论逻辑的基础上构建了创始人、董事会、公司治理、公司价值、治理有效性等核心概念之间的关系。并采取逐步深入的逻辑分析步骤，首先分析了创始人对企业公司治理和公司价值的影响及三者之间关系，其次在此关系的基础上分析了董事会成员创始人董事的影响，最后分析了创始人董事对董事会治理有效性影响的理论逻辑。

第五章至第七章为本书的实证分析内容，第五章以检验为基础分析创始人、公司治理与公司价值之间的关系。既然创始人在企业当中以重要的治理角色存在，并且具有与普通管理者不同的自身特质，创始人担任不同的管理角色会意味着其管理方式和管理风格的不同，所以在创始人、公司治理与公司价值之间存在着密切的关系，且从创始人担任不同的管理角色会对公司治理与公司价值的影响上进一步分析。为此，本章研究了创始人对公司治理与公司价值的影响，并进一步考虑到了创始人担任不同管理角色影响的差异性分析。

第六章则从公司治理内部着手，在董事会结构的框架下检验创始人担任董事这一管理角色时对公司价值的影响，公司价值也是董事会治理有效性的重要指标。在上一章中检验了创始人、公司治理与公司价值之间的初步关系，在此逻辑关系的基础上，从效果上看创始人对董事会有效性的贡献最终将体现在公司价值上，所以本书认为创始人董事是影响董事会有效性的重要因素，而且也进一步检验了这种影响的动态性，并考虑了创始人年龄、专业水平、教育背景及政治关联的影响。

第七章则进一步深入到董事会治理效应的层面，考察创始人董事这一特殊管理角色对代理成本、高管薪酬、CEO更替和董事会行为的影响。将创始人董事对董事会治理价值效应的逻辑推进了一个层次，用创始人更加直接的治理效应体现来佐证其对董事会治理有效性的贡献，主要选择了对董事会有效性衡量有代表性的代理成本、高管薪酬、CEO更替和董事会行为等指标，这些指标也均为董事会职能的具体体现。

第八章是本书的主要研究结论及展望。在本章中对全书的结论进行了总结，并归纳了研究结论对于指导实践的具体启示，最后指出本书的不足与未来进一步研究的方向。

二 创新点

以上阐述了本书的研究思路和内容，在研究中可能的创新之处主要有以下两个方面：

第一，遵循"创始人—公司治理—公司价值"的逻辑分析了创始人影响的路径与机理。通过对创始人、公司治理与公司价值的关系研究，将更加明晰创始人影响公司价值路径，走出了以往单纯研究管理者影响公司价值的固定逻辑，从具体的治理层面研究创始人对企业的影响，这为民营企业创始人这一特殊管理角色对企业的影响提供了直接的经验证据。现有的大量文献试图通过研究创始人角色在绩效方面的影响来验证创始人的重要性，但这种研究缺乏一个对创始人与公司价值之间关系有效的途径分析，本书则将视角深入到创始人这一特殊管理者，通过研究创始人对董事会治理有效性的贡献来验证创始人与公司治理之间的关系，这是对现有理论逻辑的拓展。

第二，将对企业创始人的研究拓展到创始人董事这一管理角色。本书创新性地将贺小刚等（2011，2013）、梅琳等（2012）、夏立军等（2012）、瞿旭等（2012）一系列对创始人的研究推进到创始人董事，并且能够将以上对创始人管理、创始人继任等问题的研究从创始人的结果性层面推进到创始人对董事会治理有效性的影响。理解民营企业发展的一个重要方面就是明晰创始人与民营企业发展的关系，可是相关研究多从创始人本身和结果性指标入手，本书进一步深入到董事会结构，对创始人董事及其特征与董事会治理之间的关系进行研究，有助于从根源上理解创始人影响董事会治理和公司价值的作用机制，拓展了现有的研究视角。

第二章　相关研究文献述评

　　企业创始人在企业组织中发挥着重要的作用，他们有着自己特有的一套行为模式，这使他们能够在社会中拥有自己特定的位置（Robbins，2000）。[①] 由于企业创始人存在这种特殊性，所以国内外一直在进行相关的研究并步步深化，创始人的界定、创始人自身特征的分析、创始人行为与普通管理者的区别、创始人与企业活动或企业业绩的关系等角度都有涉及，但相关研究成果与讨论并不十分丰富。本章从创始人界定、创始人对企业影响以及董事会治理有效性的角度进行了相关研究文献的综述，为本书的实证研究奠定了理论基础。

第一节　创始人的界定与特质

一　创始人界定

　　回顾以往的研究发现，涉及企业创始人这一特殊管理角色的相关研究并不丰富。在以往的研究中多以管理者、领导者、企业家、创立者等个体或群体进行研究，在研究中这些对象的相关概念界定存在很大的模糊性，导致我们对其认知并不清楚，而且这也可能对研究结果的诠释存在一定影响。本书研究企业创始人，在对已有文

---

　　① Robbins S. P. , *The Essentials of Organizational Behavior*, Prentice – Hall：Upper Saddle River, NJ, 2000.

献梳理和分析的基础上，试图对企业创始人的界定和内涵做出更深层次的解读。

企业创始人（founder），也可称其为创业企业家，他们是企业初创期的灵魂人物，同时他们也是被民营企业管理热议的焦点人物，因此，一直以来许多研究者试图更深层次地对企业创始人、创始人个性特质、创始人行为和对企业的影响进行各方面的研究。对企业创始人的界定一直在探讨中，不同学科和研究领域的学者们对企业创始人的界定都有着不同的见解，1755 年，法国经济学家 Richard Cantillon① 就认为企业创始人就好像 15 世纪中欧的骑士将领，他们组建军队并带领他们到处探险谋取利益，这类人群的基本性格特质就是勇于承担风险，不怕苦难，勇于进取，运用各种可利用的资源开拓市场，建设自己的企业并为之带来巨大利润。经济学领域认为，企业创始人是能够综合运用各种生产要素资源、能够寻求改变和创新、能够创造价值的经济人。心理学领域认为，企业创始人的形成是基于某一类人群的某种动机，他们的目标是积极寻求心理需求的实现。Brockhaus 等（1981）认为企业创始人是追求着高远的理想愿景，对未来充满憧憬，为达到既定目标勇往直前、不达目标誓不罢休、成功的想法十分强烈的一类人群。② Timmons（1978）认为，强大的愿景承诺和坚强的意志力与耐心才使得企业创始人能够成功地创办和运营一家企业，这是创始人内心驱动力的来源。③

企业创始人总是试图将个人的价值观灌输到企业的管理当中去，从而使得企业形成独特的企业战略和企业文化，这些文化和战略因

---

① "创业企业家"（Entrepreneur）一词就是由法国经济学家 Richard Cantillon 在 1755 年提出的。

② Brockhaus A., Dolger R., Ewers U., Kramer U., Soddemann H., Wiegand H., "Intake and Health Effects of Thallium among a Population Living in the Vicinity of a Cement Plant Emitting Thallium－containing Dust", *Int Arch Occup Environ Health*, Vol. 48, No. 4, 1981, pp. 375－389.

③ Timmons J. A., "Characteristics and Role Demands of Entrepreneurship", *American Journal of Small Business*, Vol. 3, No. 1, 1978, pp. 5－17.

素将伴随着企业的发展，并能够很有价值地影响着初期的创业团队。企业创始人创建一个企业不仅要具备强烈的创业精神，而且要能够敏锐地观察市场变化，抓住市场机会，并且善于运用和分配各类组织内外的资源，以最优化的人力与资源组合来达到既定目标。伴随着企业的创立与发展，每个企业的存在也都是因为某个人或某一团队决定建立一个企业，并且将决定付诸实施的结果。作为企业的创始人、创造者，他们是公司组织结构与战略的最初设计师，正是这个角色，使他们有着对企业未来发展的美好愿景，并且不拘泥于以往的生活、思维和行为方式的束缚。基于组织理论，Hannan 和 Freeman（1989）更多地把这些人作为组织的一个成员来看待；[1] 基于企业家理论，则更多地从企业家特质及行为进行界定（Low & Abrahamson，1997）；[2] 基于创业理论，则认为他们是最有价值的创业人群（Hannan，Hurton & Bran，1996）。[3] Nelson（2003）认为创始人这一管理角色不应该用法律或是规范的方式对其进行解释，而应该更多地考虑其社会化的属性。[4]

从民营企业萌芽期、初创期、成长期到逐渐正规化的成熟期，奔着现代公司制企业目标迈进，即使已经成为上市公司，创始人也始终扮演着一个无人替代的关键管理角色，所以对于我国民营企业来说创始人不仅仅是一个角色，更是对企业成长和社会发展侧面反映的动态性概念。综合以上各角度和领域对创始人界定的权威观点，对于民营企业创始人的界定一方面要体现成长过程，另一方面也要体现创业成果。所以我们通过分析创始人如何、何时、为什么

---

① Hannan M. T. , Freeman J. , *Organizational Ecology*, Cambridge: Harvard University Press, 1989.

② Low M. , Abrahamson E. , "Movements, Bandwagons and Clones, Industry Evolution and the Entrepreneurial Process", *Journal of Business Venturing*, No. 12, 1997, pp. 435 – 457.

③ Hannan M. T. , Hurton M. D. , Bran J. N. , "Inertia and Change in the Early Years: Employment Relations in Young, High Technology Firms", *Industrial and Corporate Change*, No. 5, 1996, pp. 503 – 536.

④ Nelson T. , "The Persistence of Founder Influence: Management Ownership and Performance Effects at Initial Public Offering", *Strategic Management Journal*, Vol. 24, No. 8, 2003, pp. 707 – 724.

参与到其创立的公司，以期完善公司创始人概念。贺小刚等（2011）[①] 认为，创始人在家族企业中是最重要的资源配置者和最终控制人，他们创建了现在的企业，以兼并收购方式的实际控制人并未经历企业创建这一过程，所以创始人应该是（或曾是）伴随企业创立与成长，凭借一定的市场机会与资源，靠自己的组织管理能力、创新意识、识别与承担风险的能力，并在企业中扮演实际控制者、利益协调者、最终决策者等重要的管理角色，正在或已经拥有了一定规模和知名度的企业。

二　企业创始人特征分析

首先，创始人是一种特殊的人力资本，并拥有自身特定的社会资本。从创始人自身特质出发，如创始人的个体特征、认知水平（Mcclelland，1961[②]；Forbes & Milliken，1999[③]）或团队资本（贺小刚等，2006[④]），并在此基础上可以实证研究创始人的存在和创始人特征，如年龄、教育和经验（Reuber & Fischer，1999[⑤]）对企业的影响。当创始人出现在组织中的时候，他们特有的知识、经验和组织地位，往往使他们成为组织决策的核心（Pfeffer & Salancik，1978）。[⑥] 在这一组织核心的位置上，创始人一直将企业视为自身成就与能力的体现，乐于将自身的各种关系与资本付诸企业的成长。所以，在企业发展过程中创始人积累的各项才能和经验都是对企业有重要价值贡献的创始人资本构成，这些也直接决定了企业拥有的

[①]　贺小刚、燕琼琼、梅琳、李婧：《创始人离任中的权力交接模式与企业成长》，《中国工业经济》2011 年第 10 期，第 98—108 页。

[②]　Mcclelland D. C.，"The Achieving Society"，Van Nostrand：Princeton，NJ，1961.

[③]　Forbes D.，Milliken F. J.，"Cognition and Corporate Governance：Understanding Boards of Directors as Strategic Decision – making Group"，*Academy of Management Review*，Vol. 24，No. 3，1999，pp. 489 – 505.

[④]　贺小刚、沈瑜、连燕玲：《企业家社会关系与高科技企业的成长》，《经济管理》2006 年第 15 期，第 47—50 页。

[⑤]　Reuber A.，Fischer E.，"Understanding the Consequences of Founders' Experiences"，*Journal of Small Business Management*，Vol. 37，No. 2，1999，pp. 30 – 45.

[⑥]　Pfeffer J.，Salancik G. R.，*The External Control of Organizations：A Resource – dependence Perspective*，New York：Harper & Row，1978.

其他资源的利用和支配（Eisenhardt & Schoonhoven，1996）。① 特别是对于我国，由于市场规则和制度约束尚不健全，更加凸显家族权威与创始人光环能够为企业建立政治关系、获得银行贷款、拓展客户关系等带来诸多现实的好处（徐细雄、刘星，2012）。②

其次，企业创始人经历了企业的从无到有，为了企业的生存和发展贡献颇多，也在此过程中积累了特有的经验与对企业的了解，对企业的发展倾注了很多的情感，从而产生了很深的归属感。所以，这些人为了企业的发展，一方面他们更愿意担负比较高的风险，另一方面他们对于成功的渴望十分强烈（Begley，1995）。③ 而且，创始人往往把公司作为人生的成就，他们具有长远的眼光，这些使他们更容易追求长期为股东创造财富，而不是集中在短期行动或"享受平静的生活"（Bertrand & Mullainathan，2003）。④ 也正是这一特殊的位置，使得创始人在公司中更可能拥有特有的组织技能，更可能拥有更大的影响力和决策权，这也是公司成功的关键（Adams，2005）。⑤ 这些创始人所拥有的禀赋能够使其对企业价值带来巨大的贡献，而且这种贡献是其他的普通管理者难以取代的（Villalonga & Amit，2006）。⑥

再次，同企业聘用的普通职业经理人不同，在管理行为和办事

---

① Eisenhardt K. M., Schoonhoven C. B., "Strategic Alliance Formation in Entrepreneurial Firms: Strategic Needs and Social Opportunity for Cooperation", *Organization Science*, Vol. 7, No. 2, 1996, pp. 136 – 150.

② 徐细雄、刘星:《创始人权威、控制权配置与家族企业治理转型》,《中国工业经济》2012 年第 2 期, 第 139—148 页。

③ Begley T. M., "Using Founder Status, Age of Firm and Company Growth Rate as the Basis for Distinguishing Entrepreneurs from Managers of Smaller Business", *Journal of Business Venturing*, Vol. 10, No. 3, 1995, pp. 249 – 263.

④ Bertrand M., Mullainathan S., "Enjoying the Quiet Life? ——Corporate Governance and Managerial Preferences", *Journal of Political Economy*, Vol. 111, No. 5, 2003, pp. 1043 – 1075.

⑤ Adams R., What do Boards Do? ——Evidence from Board Committee and Director Compensation Data, Working Paper, Stockholm School of Economics, 2005.

⑥ Villalonga B., Amit R., "How do Family Ownership, Control, and Management Affect Firm Value?", *Journal of Financial Economics*, Vol. 80, No. 2, 2006, pp. 385 – 417.

效率上创始人均有着较为出色的表现，在战略的选择上他们也比较注重以股东收益的最大化标准来衡量，也必然不同于聘用的普通职业经理人选择那些只能带来短期收益的项目（Fahlenbrach，2009）。① 与聘用的普通职业经理人不同，创始人在工作中表现得更为努力，而且他们对于薪酬的变化也基本上没有什么反应（Palia & Ravid，2002）。② 创始人本身的声誉也与所创立的公司成功与否高度相关，从而他们比较注重对于企业声誉的维护，也会付出更多的努力去提升企业声誉，并为之投入专有性的投资，而且他们不会在这种投资上像职业经理人那样过多地注重自己的利益（Leone et al.，2010）。③ 这种差异不仅体现在创始人本身上，而且体现在创始人家族成员身上，Palia 等（2008）研究就认为在同样的环境下工作，相对于其他的管理人员创始人的家族成员会表现出更好的积极性，为了企业的存续与发展付出更多的努力。④

最后，从创始人的社会资本构成看，创业企业家的社会资本对企业成长具有重要的作用。Starr 和 MacMillan（1990）认为，企业家可分为两类，其中能够通过社会关系网络用较小的代价即可获取资源成就事业的为社交型企业家；忽略社会关系网络的存在，而只是通过正常渠道支付费用以获取资源的为传统型企业家，社会网络带给社交型企业家的资源要远远高于传统型企业家通过自费购买的资源，并且所花费的成本更低。⑤ Jianwen Liao 和 Harold Welsch

---

① Fahlenbrach R.，"Founder – CEOs, Investment Decisions, and Stock Market Performance"，*Journal of Financial and Quantitative Analysis*，Vol. 44，No. 2，2009，pp. 439 – 466.

② Palia D.，Ravid A.，"The Role of Founders in Large Companies：Entrenchment or Valuable Human Capital？"，Unpublished Working Paper，Rutgers University，Newark，NJ，2002.

③ Leone A. J.，Liu M.，"Accounting Irregularities and Executive Turnover in Founder Managed Firms"，*The Accounting Review：A Journal of the American Accounting Association*，Vol. 85，No. 1，2010，pp. 287 – 314.

④ Palia D.，Ravid A.，Wang C. J.，"Founders Versus Non – founders in Large Companies：Financial Incentives and the Call for Regulation"，*Journal of Regulatory Economics*，Vol. 33，No. 1，2008，pp. 55 – 56.

⑤ Starr J. A.，MacMillan I. C.，"Resource Cooptation Via Social Contracting：Resource Acquisition Strategies for New Ventures"，*Strategic Management Journal*，No. 11，1990，pp. 79 – 92.

（2003）发现，社会资本对创业者的创业动机有极大的影响，分维度进行研究发现，创业者社会资本的结构维度、联系维度和认知维度，对技术型和非技术型创业者的成就期望影响并不相同。[①] 从微观、中观和宏观来界定创始人社会资本，一是从微观层面看，创始人的社会资本主要是指其与生俱来的个人家族资源和社会网络，这里主要包括他们的血缘、亲缘、地缘以及后续的姻缘等带来的私有化的网络资源，具有较高的排他性。二是从中观层面看，主要包括创始人所创业的行业和地域性市场等结构性或互动性的资源，如当地整体市场网络、行业市场网络、企业内组织网络和外部社会环境网络等，企业产品或服务价值都要靠市场网络来实现，企业内组织网络是指企业内从上到下的管理体系，外部社会环境网络主要指企业的利益相关者，即所在社区、媒体机构、慈善组织、政府等直接接触的外部机构和政策部门。三是从宏观层面看，创业者的社会资本是在一种制度环境下进行界定的，这个环境更加开放和平等，资本的排他性较弱，主要指国家或地区的社会资本信任。

第二节　创始人对企业的影响

创始人本身就是与企业创建和发展不可分割的概念，他们对企业拥有持续的经营和管理权，其个人财产与企业资产紧密联系，这赋予他们更大的动力去参与企业的管理工作，同时也为整个员工队伍注入了一种敬业奉献的精神，这种精神让民营企业不断进步，鼓舞团队士气，护航企业的发展（Villalonga & Amit, 2006）。[②] 创始人的这种特殊性使我们可以通过不同视角去研究他们对于企业的影

---

① Liao J. W., Welsch H., "Social Capital and Entrepreneurial Growth Aspiration: A Comparison of Technology and Non – technology – based Nascent Entrepreneurs", *Journal of High Technology Management Research*, Vol. 14, No. 1, 2003, pp. 149 – 170.

② Villalonga B., Amit R., "How do Family Ownership, Control, and Management Affect Firm Value?", *Journal of Financial Economics*, Vol. 80, No. 2, 2006, pp. 385 – 417.

响，站在创始人本身视角，研究创始人自身特质和创始人行为；站在整体角度，可以去比较创始人管理和非创始人管理公司业绩与管理活动的不同；或站在创始人企业角度，可以进一步检验创始人、企业活动和企业业绩之间的联系。以下从创始人对公司治理和企业价值的影响两个方面进行综述。

一 企业创始人的治理效应

国外对创始人行为的研究，最初起于定性的研究，最值得注意的是 Mintzberg 和 Waters（1982）[①] 应用案例研究方法，Arkebauer（1991）从名人传闻故事角度，研究了创始人自愿或非自愿离开企业领导职务的情况，分析了创始人离开企业的时间及原因，使从创始人自身行为角度对创始人的认知有了进一步拓展。[②] 创始人在控股权、管理权以及治理结构本身都存在诸多的偏好，在创始人的治理效应上进一步从以下几个方面进行综述。

从创始人参与公司的所有权结构上，Willard 等（1992）研究发现所有权结构与企业是否拥有创始人来管理企业之间显著相关。[③] Easterbrook（1984）[④] 和 Jensen（1986）[⑤] 认为，现金流的控制可以限制管理者对资源任意支配，所以股东可以以此来制约经理人，因为在他们能支配的现金流越小时越不易损害股东利益。民营企业治理结构中，创立者即创始人为了企业的发展与管控，往往对企业拥有绝对的剩余索取权和剩余控制权，且他们与其他管理者相比对企业的情感差异较大，所以他们拥有更为强烈的营利欲望与最大限度

---

① Mintzberg H., Waters J., "Tracking Strategy in an Entrepreneurial Firm", *Academy of Management Journal*, Vol. 25, No. 3, 1982, pp. 465 – 499.

② Arkebauer J. B., *Cashing Out: the Entrepreneur's Guide to Going Public*, New York: Harper Business, 1991.

③ Willard G. E., Krueger D. A., Feeser H. R., "In Order to Grow, must the Founder Go: A Comparison of Performance between Founder and Non – founder Managed High – growth Manufacturing Firms", *Journal of Business Venturing*, Vol. 7, No. 3, 1992, pp. 181 – 194.

④ Easterbrook F., "Two Agency Cost Explanations of Dividends", *American Economic Review*, Vol. 74, No. 4, 1984, pp. 650 – 659.

⑤ Jensen M. C., "The Takeover Controversy: Analysis and Evidence", *Midland Corporate Finance Journal*, Vol. 4, No. 2, 1986, pp. 6 – 32.

的经营自主权需求。Monks 和 Minow（1995）的研究就指出创始人往往是初创期的企业所有者，这种特殊的身份背景赋予他们绝对或相对的控股权，50％的所有权比例只是在法律层面，可能由于这种特殊的身份使他们能够以较小的所有权比例给公司事务带来比较大的影响。① 从公司治理角度，在一个高度不确定性的环境下，一个以创始人为中心的管理团队能够为企业发展提供稳定的经营管理支撑，而且这一创始人或团队集中持股下的所有权结构更可以为企业带来整体价值的稳定性（Vesper，1996；② Finkelstein & Hambrick，1996③；Kunze，1990④），因此企业拥有这样的背景时能够很明显地向资本市场或投资者提供一个积极的信号。也有相关研究支持以上结论，Prasad、Bruton 和 Vozikis（2000）的研究就认为，当企业的创立者对企业的控股权较高时就会向市场释放出企业具有较高的投资价值的信号，在这样的信息刺激下，投资者就能够清晰地去判断信息的真实性和可靠性，从而能够很快地做出购买决策。⑤ 而且，贺小刚等（2009）的研究认为，家族企业当中在相应的管理权威配置下家族成员的股东身份权威将发挥更强的作用，且股东身份权威与 *Tobin's Q* 之间的关系并非简单的线性关系。⑥

从创始人参与企业的管理角色角度，相对于其他高管团队人员，创始人在组织任务、结构和行为的影响上扮演了重要的角色（Gimeno et al.，1997）。⑦ 创始人往往在企业创立之初便在企业中担任重

---

① Monks A. G.，Minow N.，*Corporate Governance*，Blackwell Publishers Inc.，1995.

② Vesper K. H.，New Venture Experience，Vector Books：Seattle，WA，1996.

③ Finkelstein S.，Hambrick D.，*Strategic Leadership：Top Executives and Their Effects on Organizations*，Minneapolis/St. Paul，MN：West Publishing，1996.

④ Kunze R. J.，*Nothing Ventured*，New York：Harper，1990.

⑤ Prasad D.，Bruton G. D.，and Vozikis G.，"Signaling Value to Business Angels：The Proportion of the Entrepreneur's Net Worth Invested in a New Venture as a Decision Signal"，*Venture Capital*，Vol. 2，No. 3，2000，pp. 167 – 182.

⑥ 贺小刚、连燕玲：《家族权威与企业价值：基于家族上市公司的实证研究》，《经济研究》2009 年第 4 期，第 90—102 页。

⑦ Gimeno J.，Folta T. B.，Cooper A. C.，Woo C. Y.，"Survival of the Fittest：Entrepreneurial Human Capital and the Persistence of Underperforming Firms"，*Administrative Science Quarterly*，Vol. 42，No. 4，1997，pp. 750 – 783.

要的管理职务，例如担任董事长、CEO 或董事长兼任 CEO，这些职务对企业至关重要，Mace（1986）[1] 和 Pound（1995）[2] 就曾指出 CEO 和其他高级管理人员在组织机构内对组织的高层决策拥有权力和担负着相应的责任。由于创始人对于公司的发展做出了突出贡献，对公司有很大的影响力和决策力，具有更大的价值，因此在公司当中某位高管为创始人时，他们拥有"天然的优势"（Fahlenbrach，2009）。[3] Li 和 Srinivasan（2011）研究显示当创始人作为董事时，存在比较多的资本和非资本的联系要求创始人以更好的能力和动力来行使监督职能，所以创始人董事公司会存在较少的代理问题，比非创始人参与的公司拥有更好的治理环境。[4] 更为直接的是当创始人参与公司管理时，资本和非资本的联系赋予创始人更多的积极性与动力，进行更好的决策与监督，所以之前的很多研究认为创始人积极参与管理公司能够显著提升企业的公司价值（Anderson & Reeb，2004）。[5] Villalonga 等（2006）验证了家族所有权只有在家族创始人担任公司 CEO 的情况下才能为企业创造更高的价值。[6]

从创始人经验积累上，创始人作为企业中特殊角色的管理者，伴随着企业的创办与发展，在公司以及行业中得到了宝贵的知识和实践经验，这些都有利于提升公司价值（Penrose，1959）。[7] 他们所

① Mace M. L. , *Directors: Myth and Reality* , Boston: Harvard Business School Press, 1986.

② Pound J. , "The Promise of the Governed Corporation" , *Harvard Business Review* , Vol. 73, No. 2, 1995, pp. 89 – 98.

③ Fahlenbrach R. , "Founder – CEOs, Investment Decisions, and Stock Market Performance" , *Journal of Financial and Quantitative Analysis* , 2009, 44（2）: 439 – 466.

④ Li F. , Srinivasan S. , "Corporate Governance When Founders are Directors" , *Journal of Financial Economics* , Vol. 102, No. 2, 2011, pp. 454 – 469.

⑤ Anderson R. , Reeb D. M. , "Board Composition: Balancing Family Influence in S&P 500 Firms" , *Administrative Sciences Quarterly* , Vol. 49, No. 2, 2004, pp. 209 – 237.

⑥ Villalonga B. , Amit R. , "How do Family Ownership, Control, and Management Affect Firm Value?" , *Journal of Financial Economics* , Vol. 80, No. 2, 2006, pp. 385 – 417.

⑦ Penrose E. , *The Theory of the Growth of the Firm*（3rd）, Oxford, UK: Oxford University Press, 1959.

积累的专有经验能有效降低董事会和经理层之间的信息不对称问题，从而能够有效地提升监督水平（Jensen，1993）。① 随着创始人任期的延续，这也是一个信息积累、关系建立和问题解决模式形成的一个重要过程（Katz，1982）。② 所以，积极参与企业管理的创始人，伴随企业的成长与坎坷，积累了特有的专业知识与经验，随着企业生命的延续，也随着创始人年龄的增长，此类积累会越来越多，这些经验与知识有助于提升他们决策的科学性。

二　企业创始人的价值效应

（一）企业创始人正面效应

从整体来看，创业者的专业知识、集中而长期的股权以及非金钱（例如，声誉和情感）关系的组合能够增加企业价值，所以与非创始人企业相比创始人企业具有更高的企业价值（Demsetz & Lehn，1985③；James，1999④）。进一步，有些研究检验了家族创始人与公司业绩之间的关系，如 Anderson 和 Reeb（2003）。⑤ Maury（2006）以欧洲和美国的企业为研究对象，认为与非家族企业相比家族企业拥有较好的企业绩效表现，特别是当家族成员作为企业的 CEO 存在时。⑥ Duchesneau 和 Gartner（1990）认为，创业企业家往往在自己熟悉的行业内选择创业项目，相对于非创始人企业这些行业经验会

---

① Jensen M. C. , Meckling W. H. , "Modern Industrial Revolution, Exit and the Failure of Internal Control Systems", *Journal of Finance*, Vol. 48, No. 3, 1993, pp. 831 – 880.

② Katz R. , "The Effects of Group Longevity on Project Communication and Performance", *Administrative Science Quarterly*, Vol. 27, No. 1, 1982, pp. 81 – 104.

③ Demsetz H. , Lehn K. , "The Structure of Corporate Ownership: Causes and Consequences", *Journal of Political Economy*, Vol. 93, No. 6, 1985, pp. 1155 – 1177.

④ James H. , "Owner and Manager, Extended Horizons and the Family Firms", *International Journal of the Economics of Business*, Vol. 6, No. 1, 1999, pp. 41 – 56.

⑤ Anderson R. , Reeb D. M. , "Founding Family Ownership and Firm Performance: Evidence from the S&P 500", *Journal of Finance*, Vol. 58, No. 3, 2003, pp. 1301 – 1329.

⑥ Maury B. , "Family Ownership and Firm Performance: Empirical Evidence from Western European Corporations", *Journal of Corporate Finance*, Vol. 12, No. 2, 2006, pp. 321 – 341.

带给创始人企业更大的经营业绩优势。① 而且，创始人往往把企业作为自己人生的成就，对企业的发展具有长远和独特的愿景，这使他们更倾向于追求长期为股东创造财富，而不是集中在短期行动或单纯地保证企业平稳盈利，从而为提升企业的科学决策与经营业绩提供了保障（Bertrand & Mullainathan，2003），② 保证了企业的成长性和可获利性。与普通的职业经理人相比，创始人拥有强大的事业心，对企业的心理归属感上也表现得更为强烈，企业的特殊关系使其在企业内拥有的权力和影响力更大，且他们往往对企业拥有绝对的控股权，对企业的发展他们具备更长远的投资眼光和较为专业化的特殊经验与技能（Begley，1995③；He，2008④；Nelson，2003⑤），所以在企业长期利益的维护上，在企业业绩的稳定性上，创始人会为之付出更多的努力。Fahlenbrach（2009）提出存在创始人 CEO 的公司拥有更高的市场价值和更好的股票市场表现。⑥ 此外，在企业进行 IPO 时，创始人对战略的稳定性追求直接表现在管理层的基本稳定，这种稳定性能够降低战略变化所带来的企业风险，尤其是这些刚刚上市的公司，企业声誉与创始人声誉往往是紧密相连的，所以创始人的存在与企业的存续和发展有着显著的相关性（Aldrich，

---

① Duchesneau D. A., Gartner W. B., "A Profile of New Venture Success and Failure in an Emerging Iindustry", *Journal of Business Venturing*, Vol. 5, No. 5, 1990, pp. 297 – 312.

② Bertrand M., Mullainathan S., "Enjoying the Quiet Life? – Corporate Governance and Managerial Preferences", *Journal of Political Economy*, Vol. 111, No. 5, 2003, pp. 1043 – 1075.

③ Begley T. M., "Using Founder Status, Age of Firm and Company Growth Rate as the Basis for Distinguishing Entrepreneurs from Managers of Smaller Business", *Journal of Business Venturing*, Vol. 10, No. 3, 1995, pp. 249 – 263.

④ He L., "Do Founders Matter? A Study of Executive Compensation, Governance Structure and Firm Performance", *Journal of Business Venturing*, Vol. 23, No. 3, 2008, pp. 257 – 279.

⑤ Nelson T., "The Persistence of Founder Influence: Management Ownership and Performance Effects at Initial Public Offering", *Strategic Management Journal*, Vol. 24, No. 8, 2003, pp. 707 – 724.

⑥ Fahlenbrach R., "Founder – CEOs, Investment Decisions, and Stock Market Performance", *Journal of Financial and Quantitative Analysis*, Vol. 44, No. 2, 2009, pp. 439 – 466.

1979①；Fischer & Pollock，2004②）。Li 和 Srinivasan（2011）研究了创始人董事所发挥的作用，确定当创始人作为董事而非 CEO 或其他高管时，创始人董事也与较高的公司价值显著正向相关。③ 当然也有部分相关研究认为创始人与企业业绩之间并没有这种必然联系，如 Daily 和 Dalton（1992）通过衡量小型创始人企业与非创始人企业的资本权益报酬率（ROE）和资产收益率（ROA），发现在两者的财务业绩表现上并不存在显著的差异性。④ Willard 等（1992）研究了高速成长期的企业，将这些企业按照创始人管理与非创始人管理进行划分，结果也表明从公司业绩来看没有检验出显著的相关性。⑤

　　在我国特殊的政治环境下，在夹缝中成长起来的民营企业借助与政府之间的关系来提升企业的自身经营业绩。人大代表与政协委员中均存在这些创业企业家的身影，资源依赖理论对这一现象的解释是他们能够借助这种政治关联为企业的生存与发展提供必要的资源，而且相对于创始人的其他特质，这一政治关联属性是很难被继任者传承的，但是仍会在一定程度上加强企业创始人管理企业的优势。夏立军等（2012）在研究中提到，对于我国民营企业现阶段的发展来说，创始人一直参与企业的管理是对公司治理完善的一个必然选择，创始人管理对现代公司治理体制有一定的替代作用，在公司中担任关键职务的创始人与公司业绩之间为正相关的关系，且有助于保持公司业绩的持续稳定，但市场化程度会影响到创始人对企

　　① Aldrich H.，*Organizations and Environments*，Englewood Cliffs，NJ：Prentice Hall，1979.

　　② Fischer H.，Pollock R. G.，"Effects of Social Capital and Power on Surviving Transformational Change：The Case of Initial Public Offerings"，*Academy of Management Journal*，Vol. 47，No. 4，2004，pp. 463 – 481.

　　③ Li F.，Srinivasan S.，"Corporate Governance When Founders are Directors"，*Journal of Financial Economics*，Vol. 102，No. 2，2011，pp. 454 – 469.

　　④ Daily C. M.，Dalton D. R.，"Financial Performance of Founder – managed Versus Professionally Managed Corporations"，*Journal of Small Business Management*，Vol. 30，No. 2，1992，pp. 25 – 34.

　　⑤ Willard G. E.，Krueger D. A.，Feeser H. R.，"In Order to Grow，must the Founder Go：A Comparison of Performance between Founder and Non – founder Managed High – growth Manufacturing Firms"，*Journal of Business Venturing*，Vol. 7，No. 3，1992，pp. 181 – 194.

业的作用，随着区域的市场化程度由低向高变化，创始人对于公司
业绩的这种正向作用会逐渐弱化。[①] 王明琳、陈凌、叶长兵（2010）
以我国民营上市公司中的家族企业为研究对象，在研究结果中体现
出由家族治理的民营企业在其业绩表现上比其他的民营企业要差，
而当企业中总经理由创始人出任时的业绩表现会相对较好，但是也
得出家族控制越严重和担任高管的家族成员人数越多越不利于公司
整体价值提升的结论。[②]

（二）企业创始人负面效应

创始人存在于企业中或许也会产生不利于企业发展的影响。当
创始人以大股东角色存在时，如果与其他股东存在利益上的冲突，
将导致他们运用控股权或过度的特权消费等方式去损害其他股东利
益，对公司整体绩效造成不利的影响（Jensen & Meckling，1976）。[③]
创始人的存在可能有利于形成内部人控制的局面，从而损害中小股
东利益（Clasessens et al.，2002[④]；Faccio & Lang，2002[⑤]）。在信息
不对称的情况下很容易造成投资者的逆向选择成本，在创始人企业
中创始人对于企业的各方面信息了解最为充分，然而这些信息并不
愿意被全部展现给投资者，从而造成了信息不对称前提下的逆向选
择问题（Shane & Cable，2002）。[⑥] 对公司事务与控制权，创始人拥
有与生俱来的绝对控制欲，在这样的情况下包括现金分红政策在内

---

①　夏立军、郭建展、陆铭：《企业家"政由己出"——民营 IPO 公司创始人管理、市场环境与公司业绩》，《管理世界》2012 年第 9 期，第 132—141 页。

②　王明琳、陈凌、叶长兵：《中国民营上市公司的家族治理与企业价值》，《南开管理评论》2010 年第 2 期，第 61—67 页。

③　Jensen M. C., Meckling W. H., "Theory of the Firm: Managerial Behavior, Agency Costs and Ownership Structure", *Journal of Financial Economics*, Vol. 13, No. 4, 1976, pp. 305 – 360.

④　Clasessens S., Djankov S., Fan J. P. H., and Lang L. H. P., "Disentangling the Incentive and Entrenchment Effects of Large Shareholdings", *Journal of Finance*, Vol. 57, No. 6, 2002, pp. 2741 – 2771.

⑤　Faccio M., Lang L., "The Ultimate Ownership of Western European Corporations", *Journal of Financial Economics*, Vol. 65, No. 3, 2002, pp. 365 – 395.

⑥　Shane S., Cable D., "Network Ties, Reputation and the Financing of New Ventures", *Management Science*, Vol. 48, No. 3, 2002, pp. 346 – 381.

的一些正常利益分配政策很容易就会被否决，这将影响资本市场的感知从而对公司的投资价值造成影响（Shleifer & Vishny，1989）。① 当然这种对于公司绝对的控制权也并不利于公司风险的分散，从而导致整体风险的加大，Adams（2005）在其研究中就指出如果企业中存在比较强势的 CEO 时，公司业绩的整体波动性会增加，这无疑也意味着更大风险的存在。②

当企业上市以后，在创业初期形成的管理经验和方法并不适合上市公司的需要，从而造成创始人对上市公司进行管理的能力较为匮乏的局面，而且当企业上市以后在市场、财务、监管以及相关的其他管理内容上所面临的问题会更加复杂多样，这就可能造成对企业进一步发展的障碍（Adams et al.，2009③；Wasserman，2003④）。管理学中对管理者有一种"能力所不逮"处境的解释，如上，组织生命周期理论解释了一个规模上的临界值会存在于企业的发展过程中，在达到这一临界值时，创始人本身所具有的管理技能、技巧或能力就不再适合对公司进行管理和决策了，这时就需要他们适时地退出企业的管理层（Gedajlovic et al.，2004⑤；Hambrick & Crozier，1985⑥），当然在现实中我们看到的是更多的创立者坚持对企业的管理和控制，存在很强烈的"恋栈"情结，但这对于整体的公司价值和发展并没有显示出有利的方面。

① Shleifer A.，Vishny R. W.，"Management Entrenchment: the Case of Manager – specific Investments"，*Journal of Financial Economics*，Vol. 25，No. 1，1989，pp. 123 – 139.

② Adams R.，What do Boards do? ——Evidence from Board Committee and Director Compensation Data，Working Paper，Stockholm School of Economics，2005.

③ Adams R. B.，Almeida H.，Ferreira D.，"Understanding the Relationship between Founder – CEOs and Firm Performance"，*Journal of Empirical Finance*，Vol. 16，No. 1，2009，pp. 136 – 150.

④ Wasserman N.，"Founder CEO Succession and the Paradox of Entrepreneurial Success"，*Organization Science*，Vol. 14，No. 2，2003，pp. 149 – 172.

⑤ Gedajlovic E.，Lubatin M.，Schulze W.，"Crossing the Threshold from Founder Management to Professional Management: A Governance Perspective"，*Journal of Management Studies*，Vol. 41，No. 5，2004，pp. 899 – 912.

⑥ Hambrick D. C.，Crozier L.，"Stumblers and Stars in the Management of Rapid Growth"，*Journal of Business Venturing*，Vol. 29，No. 1，1985，pp. 31 – 45.

（三）创始人传承的影响

创始人传承是企业不得不面对的问题，在这一过程中将使企业的管理风格完成从创业期到专业管理期的转变，对创始人继任特殊性的分析，对其各类驱动因素和带来的各种影响的检验有利于丰富民营企业继任问题的研究，而且也可以应用规律性的结论指导企业的实践活动。Beckman 等（2008）指出，创始人为创业企业带来的重要经历和在企业发展历史初期所做的重要决策会为企业留下持久的烙印。[1] 随着企业的发展，在企业经营与管理中创始人的离开，乃至对决策权和控制权的交接是一个必然的过程，企业终将由那些拥有专业化管理知识和经验的职业经理人进行管理，这也是企业永久存续的一个好的选择（Chandler & Jansen，1992）。[2] Hofer 和 Charan（1984）在研究中指出在企业的生命周期内一个最为关键的事件就是创始人 CEO 的传承问题，在突破创业初期的重重困难成功发展起来的企业，想要继续顺利地发展，就要成功处理创始人 CEO 传承中出现的种种问题，这些问题是很多企业发展后期失败的主要原因。[3] Boeker 等（2005）在其研究中得出创始人离职的可能性随着企业规模的增加而不断地增大，创始人需要关注这一结论的焦点是创始人的能力与创业企业的发展之间的动态性，不同的阶段对创始人能力的需求也不一样，"成功的过去并不意味着可以继续复制成功的未来"，对于具有更高度动态变化的创业企业"成功复制"的基本模式更是不成立的，时点不同、企业阶段不同、市场环境不同，企业的任务焦点也就不同，这将造成创始人 CEO 对过去成功模式的思维定式并不能支撑企业现在的发展，而更可能造成对其新阶

① Beckman C. M., Burton M. D., "Founding the Future: Path Dependence in the Evolution of Top Management Teams from Founding to IPO", *Organization Science*, Vol. 19, No. 1, 2008, pp. 3 – 24.

② Chandler G. N., Jansen E., "The Founder's Self – assessed Competence and Venture Performance", *Journal of Business Venturing*, Vol. 7, No. 3, 1992, pp. 223 – 236.

③ Hofer C. W., Charan R., "The Transition to Professional Management: Mission Impossible", *American Journal of Small Business*, Vol. 9, No. 1, 1984, pp. 1 – 11.

段管理创新的牵制。①

在权力的交接和利益的平衡上，创始人企业的传承过程本身就是离任者与继任者的一场较量，也是他们相互博弈和制衡的关键过程。在我国，改革开放政策实施以来，民营企业经过 30 年的发展，面对二代接班和企业在复杂国际竞争环境下的战略创业目标，正在步入一个传承发展和战略转型同时并进的新的发展时期。创始人打下的"江山"采用何种形式去延续，将自己的控股权与管理权传于何人等这些一直都是学术界和实践界关注的重点问题，这也是一个极具挑战和创新的研究与实践领域。贺小刚等（2011②，2013③）研究指出，创始人由于自身存在的有限理性致使他的认知模式难以与企业的动态演化模式保持协调一致，因此可能需要寻找继任者管理企业；创始人离任过程中如何交接其经营决策权与控制权是影响企业成长的重要因素，在创始人离任过程中不仅要认识到权力交接模式的差异性，还应关注继任者的不同来源对权力交接可能产生的影响。

第三节　董事会有效性

现代公司的核心特征是所有权与控制权相分离，董事会承担着公司中受托与委托的双重责任，一方面它受托于股东大会，对其承担着受托责任；另一方面它对经理层要执行委托的角色。所以，在公司中董事会是公司治理的核心机构，具有核心的职能的同时也是公司的决策中心。董事会从提高公司的决策质量到保障公司业绩的稳定与提升都起到了一定的作用，这也是董事会有效性的基本体现。自公司治理

---

① Boeker W., Wiltbank R., "Flew Venture Evolution and Managerial Capabilities", *Organization Science*, Vol. 16, No. 2, 2005, pp. 123 – 133.

② 贺小刚、燕琼琼、梅琳、李婧：《创始人离任中的权力交接模式与企业成长》，《中国工业经济》2011 年第 10 期，第 98—108 页。

③ 贺小刚、张远飞、梅琳：《创始人离任对企业成长的影响分析》，《管理学报》2013 年第 6 期，第 816—823 页。

研究开展以来，董事会的有效性的研究一直是一个较为困难的研究内容，但是由于在近几年中发生了众多财务舞弊案件，这就让社会公众要求上市公司应该具备高质量的公司治理结构和机制，由此所带来的对于董事会有效性的讨论和关注与日俱增（Barton & Wong,2006）。[①]

一　董事会职能

关于董事会职能的观点可以分成两派。

第一派以 Fama 和 Jensen 为代表，认为董事会的职能是监督和控制。Fama（1980）认为，董事会是一种制度安排，在市场机制下的一种必然选择，也是在企业契约代理中最高级别的内部监督者，董事会的内部构成直接受到企业契约和企业各类要素的影响，所要体现的重要职能是通过对代理机制的建立来监督控制并做出最高层次的决策。[②] 董事会机制本身的建设从成本上来说相对较低，且能够起到替换或调整经理层的作用，所以这是外部产品市场、劳动力市场、经理人市场以及企业控制权市场等难以替代的。对于上市公司来说，股东将内部控制的权力授予董事会，董事会又将部分的决策经营与控制的权力授予经理层，然后董事会能够通过制定薪酬激励政策和对管理层的选择这两大方面来执行监督控制的职能，进而起到能够解决经理层与股东间代理问题的作用。在决策制中 Fama 和 Jensen（1983）对管理和监管的职能体现进行了区分，认为应该分为"决策管理"和"决策控制"，即经理层的职能应该是决策管理，即决策的提出与执行的职能；董事会的职能应该是决策控制，这里主要指的是决策的批准和监督。[③]

第二派认为董事会职能应该为实践的总结，在这一董事会职能派别中 Herman（1981）是较为典型的支持者，相比承担监督控制

---

① Barton D. , Wong S. C. Y. , "Improving Board Performance in Emerging Market", *McKinsey Quarterly*, Vol. 1, No. 1, 2006, pp. 74 – 83.

② Fama E. F. , "Agency Problems and the Theory of the Firm", *The Journal of Political Economy*, Vol. 88, No. 2, 1980, pp. 288 – 307.

③ Fama E. F. , Jensen M. C. , "Separation of Ownership and Control", *Journal of Law and Economics*, Vol. 26, No. 2, 1983, pp. 301 – 325.

职能来说他认为董事会更应该是为经理层人员提供建议的，更多提供的是战略与决策的咨询服务。[①] Mace（1986）通过观察董事会成员和管理者的实际行为，总结出了董事会的具体工作模式，对于董事会职能的描述有以下几个方面：为经理层提供建议和忠告；能够起到一定的约束作用；面临危机时才有所行动。他进一步指出董事会不应该对公司战略和董事会政策负责，不用提出有前瞻性的问题，也没有发挥选择经理层的职能，从而总结出董事会并没有能够肩负起监督控制的职能。[②] Whistler（1984）通过亲自参与董事会运作的实践，依据经验支持了上述的论断，并且提出为防止董事会的内部分歧董事应该支持经理层时，应当必须要撤换经理层，董事会内部成员应充分一致，面临问题才能够采取行动，而且务必要在达成一致的基础上，展开快速的更换行动。[③]

综合以上两个方面对于董事会职能的界定，Nicholson 和 Kiel（2004）研究结果显示董事会的主要职能体现在监督、建议、获取资源和战略四个方面。[④] 首先，为解决股东与经理层之间的利益矛盾，设计一个能够使两者之间利益趋于一致的治理结构，是董事会监督职能的一项最直接和重要的体现。更加具体的体现是，董事会能够评价 CEO 及公司整体的财务或非财务业绩，挑选、聘任、解聘及激励经理层人员，更加重要的是批准和监督其所做出的决策。以往的研究更多地支持了这一职能，对于监督职能的实证研究十分丰富，这些研究皆能表现出如果想有效地防范经理层的败德行为以及经理人员的逆向选择，就必须加强董事会的监督职能。其次，董事会的职能是建议职能，建议职能是为了充分利用董事会成员的经

---

① Herman E. S., *Corporate Control*, *Corporate Power*, Cambridge, UK：Cambridge University Press, 1981.

② Mace M. L., *Directors*：*Myth and Reality*, Boston：Harvard Business School Press, 1986.

③ Whistler T. L., *Rules of the Game*：*Inside the Corporate Board Room*, Homewood, IL：Dow Jones – Irwin, 1984.

④ Nicholson G., Kiel G. C., "A Framework for Diagnosing Board Effectiveness", *Corporate Governance*：*An International Review*, Vol. 12, No. 4, 2004, pp. 442 – 460.

验，能够为经理层提供建议和支持。再次，从资源依赖理论上给予了董事会获取资源职能充足的理论支撑。一方面，它起到了连接公司与外界环境的媒介作用；另一方面，在资源依赖理论中，董事会成员规模的扩大和构成多样性能够有助于公司通过这些人的人力资本和社会资本为企业的发展增加更强的稳定性支撑，也更能够增加公司从外部环境获取资源的机会。最后，董事会的战略职能，也就是指董事会既能有效支撑企业战略的制定，也能够为战略的有效实施提供保障，并且能够指导经理层顺利地实现公司战略目标（Hung，1998）。[①] 这一职能通过各种各样的具体表现形式实现，也包括建议职能的一层含义，即为经理人提供建议，能够对战略计划提供科学的审核意见，依据董事会成员经验与资源提供分析意见和计划方案，并且能够使经理层与企业的战略发展方向保持一致（Zahra & Pearce，1989）。[②]

包括中国在内的世界很多国家均在法规中对董事会职能予以了明确界定（如表 2 - 1 所示）。

表 2 - 1　　　　　　　　对董事会职能界定观点汇总

中国《公司法》（2005）	（1）对股东会会议进行召集，并报告工作给股东会； （2）对股东会决议的执行； （3）决定公司的投资方案和经营计划； （4）制订公司的年度财务预算方案、决算方案； （5）制订公司的弥补亏损方案和利润分配方案； （6）制订公司减少或者增加注册资本以及发行公司债券的方案； （7）制订公司合并、分立、变更公司形式、解散等方案； （8）决定公司内部管理机构的设置； （9）决定解聘或者聘任公司经理及其报酬事项，并根据经理的提名决定解聘或者聘任公司副经理、财务负责人及其报酬事项； （10）制订公司的基本管理制度；公司章程规定的其他职权

① Hung H.，"A typology of the Theories of the Roles of Governing Boards"，*Scholarly Research and Theory Papers*，Vol. 6，No. 2，1998，pp. 101 - 111.

② Zahra S. A.，Pearce L. L.，"Boards of Directors and Corporate Financial Performance：A Review and Integrative Model"，*Journal of Management*，Vol. 15，No. 2，1989，pp. 291 - 334.

美国修订后的 《商业公司法1985》	所有公司权力的行使都应该根据公司的典据、交易和事务，公司在公司章程的制约下由其董事会指导管理
美国商业圆桌会议	（1）任免经营者，确定经营者报酬，审核继任计划； （2）审核批准重大战略、财务目标、公司计划； （3）就重大事项为经营者提供咨询； （4）审核评估公司内部控制、风险管理、财务报告程序的适当性； （5）董事提名，评估董事会结构、治理原则、组成、议事程序等的运作正常与否
英国 《凯得伯利报告》	（1）确定公司的战略目标，为其实现提供领导； （2）监督经营者并向股东汇报； （3）确定财务政策的方式并负责监督实施，包括运用财务控制和过程，以便向股东提供公司活动发展情况
英国 《韩陪尔报告》	每个公众公司均应该由有效董事会进行控制和领导，其首要责任就是确定公司广泛战略，并确保其实施
澳大利亚投资 经理协会《指南》	（1）确定公司战略； （2）继任计划，包括任命、培训、监督经营者； （3）为公司提供投资者关系计划； （4）内部控制和信息系统的完整性； （5）确定与公司业绩挂钩的报酬政策
爱尔兰投资经理协会 《指南》	（1）批准公司战略； （2）任免经营者； （3）监督和评估经营者业绩
法国 《维也纳特报告》	（1）确定公司战略； （2）任命实施该战略的经营者； （3）控制经营者； （4）确保年度报告和发生特定的重大交易时，向股东和市场披露情况的质量

续表

经合组织 《公司治理原则》	（1）审核和指导公司战略、重大经营计划、风险政策、年度预算和经营计划，确定业绩目标，监督公司业绩，审核主要资本开支、购并和分拆活动； （2）任免、激励经营者，审核经营者继任计划； （3）审核主要经营者和董事报酬，确保董事提名程序的正式化和透明化； （4）监督和管理董事会成员、经营者及股东在关联交易、资产处置等方面的潜在利益冲突； （5）通过外部审计、风险监控、财务控制等措施，保证公司会计和财务报表的完整性、合法性及可信性； （6）监督公司治理结构在实践中的有效性，必要时进行改进； （7）监督信息披露过程

资料来源：笔者整理。

二　董事会有效性的界定

现有的研究在评价董事会的有效性这一问题上并没有较为明确的界定，一般只是在董事会某方面的职能上（主要是监督职能）对企业绩效造成的影响来衡量，因此对董事会的认识不够完整（Hillman & Dalziel，2003）。[①] 要想更加全面地认识董事会的职能，有必要采用多重整合的视角，从整体上把握在公司治理结构中它的各种职能的实施情况。在团队有效性理论相关研究的成果当中，往往通过董事会履行职能所创造的产出来对董事会的有效性进行检验。在公司治理结构中，作为一个相对完整组成部分的董事会，两项主要的职能为：一是监督职责，主要体现为聘用、解聘和激励管理层；二是决策建议职能，主要表现为管理层在重要的战略决策制定过程中提供建议。以上两项基本职责的有效完成程度即我们所要衡量的

[①]　Hillman A. J., Dalziel T., "Boards of Directors and Firm Performance: Integrating Agency and Resource Dependence Perspectives", *The Academy of Management Review*, Vol. 28, No. 3, 2003, pp. 383 – 396.

董事会有效性(Masulis，Wang & Xie，2012)。[1]

在 Lipton 和 Lorsch (1992) 的研究中就曾提到，董事会的相关研究尽管大量地存在，但是尚未就董事会的具体职能达成一致的意见。[2] 况且，在不同的国家制度背景下，每家公司在其不同的生命周期阶段，对于董事会职能需求也会存在着显著的差异（Renee，Hermalin & Weisbach，2010)。[3] 所以，在 Berghe 和 Baelden (2005) 的研究中就指出需要对实践中不同董事会所起到的具体职责进行详细的分析，在此基础上才能对董事会有效性进行科学的界定。[4] 在 Hung (1998) 的研究中提出董事会需要协调六种职能的实现，只有充分地对这六项职能进行分析和界定才能最终解释董事会的有效性。[5] 有些研究者提到了董事会职能在董事会结构下的权重不是固定不变的，而是动态发展的。于东智 (2003) 在其研究董事会、公司治理与绩效的过程中发现，董事会本身的称职性程度就是企业是否具有核心竞争力的体现，存在这种竞争力就是一个有效的投资信息，称职的董事会能够保障企业拥有连续性和稳定性的领导层结构，能够确保战略的正确性和总体的战略成功实施，为实现股东财富最大化提供了一个强大的经理团队支撑。[6]

在公司治理领域中随着董事会研究逐步深化，已经走出了单纯的研究静态结构，而更多地开始关注董事会的动态行为，董事会本

① Masulis R. W. , Wang C. , Xie F. , "Globalizing the Boardroom——The Effects of Foreign Directors on Corporate Governance and Firm Performance", *Journal of Accounting and Economics*, *Elsevier*, Vol. 53, No. 3, 2012, pp. 527 – 554.

② Lipton M. , Lorsch J. , "A Modest Proposal for Improved Corporate Governance", *Business Lawyer*, No. 48, 1992, pp. 59 – 77.

③ Renee B. A. , Hermalin B. E. , Weisbach M. S. , "The Role of Boards of Directors in Corporate Governance: A Conceptual Framework and Survey", *Journal of Economic Literature*, *American Economic Association*, Vol. 48, No. 1, 2010, pp. 58 – 107.

④ L. A. A. Berghe V. D. , Baelden T. , "The Complex Relation between Director Independence and Board Effectiveness", *Corporate Governance*, Vol. 5, No. 5, 2005, pp. 58 – 83.

⑤ Hung H. , "A Typology of the Theories of the Roles of Governing Boards", *Scholarly Research and Theory Papers*, Vol. 6, No. 2, 1998, pp. 101 – 111.

⑥ 于东智：《董事会、公司治理与绩效——对中国上市公司的经验分析》，《中国社会科学》2003 年第 3 期，第 29—41、205—206 页。

身就是公司决策的核心制定者，它的基本运作流程及行为，以及这些行为反映出的具体董事会内部信息的流动等问题已经成为关乎董事会有效性实现的重要内容。Nicholson 和 Kiel（2004）认为，判断董事会有效性的标准是能否准确地理解和执行其职能以及处理好各职能间的关系，能否清晰地认知公司所处的动态环境，所以，在充分理解公司所处制度背景和发展历史的基础上，通过发挥董事会本身的职能，干预公司各项事务从而最终影响公司业绩的这一过程是认知董事会有效性的一个重要动态过程。[1] 在 Forbes 和 Milliken（1999）的研究中认为，董事会是一个参与战略制定的有效群体，所以在运作过程中去衡量董事会有效性需要注意以下两个方面：首先是董事会实现有效控制和服务职能的能力，即董事会的工作效率；其次是董事会这一群体的凝聚力，即保证群体内成员能力得以发挥的能力。[2] 通过构建理论模型的方式界定董事会有效性，Leblanc 和 Gillies（2005）在研究中提出，从输入和输出上考量董事会，主要应从输入上进行控制，这将影响董事会的治理效率，也能够影响其完成既定职能的专业化水平。简言之，对任务的完成多少不是董事会有效无效的关键，关键的内容是其是否能够把既定的任务出色完成，即是一种质而不是单纯的考察量。[3] 在 Kim 和 Cannella（2008）的研究中从能否高效地履行其服务职能、是否具有团队凝聚力和是否能从外部环境中得到有价值的信息或资源这三个方面衡量了董事会的有效性程度。[4]

三　董事会有效性的影响因素

早期对于董事会的研究中主要是以研究董事会的结构为主，以

---

[1]　Nicholson G. , Kiel G. C. , "A framework for Diagnosing Board Effectiveness", *Corporate Governance: An International Review*, Vol. 12, No. 4, 2004, pp. 442 – 460.

[2]　Forbes D. , Milliken F. J. , "Cognition and Corporate Governance: Understanding Boards of Directors as Strategic Decision – making Group", *Academy of Management Review*, Vol. 24, No. 3, 1999, pp. 489 – 505.

[3]　Leblanc R. , Gillies J. , "Inside the Boardroom: How Boards Really Work and the Coming Revolution in Corporate Governance", John Wiley & Sons Canada, Ltd. , 2005.

[4]　Kim Y. M. , Cannella A. J. , "Toward a Social Capital Theory of Director Selection", *Corporate Governance*, Vol. 16, No. 4, 2008, pp. 282 – 293.

其结构对绩效的影响来衡量董事会的有效性，从具体内容上以验证董事会的各类结构特征与各财务业绩指标之间的关系来界定，在董事会人数构成、独立董事比例、领导结构中的兼任程度、具体的内部委员会设置、董事的激励、董事持股比例乃至董事会会议行为等方面进行了诸多的规范与实证的研究。出于这些结构性因素来研究董事会有效性主要是由于在披露信息中这些结构性因素很容易被识别，也更容易与相关的公司治理规范进行对比，是评估董事会规范运行的一个简便而且易行的方式（Berghe & Levrau，2004）。[①]

（一）董事会自身运作模式

董事会的基本运作模式存在显著的地域性区别，这主要是因为不同国家在法律、制度上存在显著的差异。例如在美国，相关的基本制度中就明确要求，上市公司在董事会中必须设置以下三个专业化的委员会机构：报酬、审计与董事提名专业委员会，在制度中指出存在于这些委员会当中的董事都必须或基本上为独立董事。在其他国家并未制定这样严格的规定，所以就直接造成相比于其他的国家美国的上市公司中独立董事的比例较高。对董事会独立性、董事会专业化程度及其他利益相关者在公司治理中权利的重视程度决定了不同国家是否在相关法律和制度中有这样的规定。

对于董事会的构成模式，Tricker（1994）基于董事会成员与管理人员之间的关系进行分析，总结了四种董事会构成模式：董事会成员全部为执行董事；董事会成员主要为执行董事；董事会成员主要为非执行董事；双层董事会结构——董事会和管理层，两者之间不存在交叉和重叠。[②] Klaus 和 Leyens（2004）综述了欧洲各国的公司董事会治理模式，并总结了其发展历程，归结起来有如下两个特点：一是内部治理机制的独立性在逐步提升；二是利益相关者共同

---

① L. A. A. Berghe V. D., Levrau A., "Evaluating Boards of Directors: What Consititutes a Good Corporate Board?", *Corporate Governance*, Vol. 12, No. 4, 2004, pp. 461–478.

② Tricker R., *International Corporate Governance*, Prentice Hall, 1994.

决定机制在双层董事会模式中影响了其独立性的提升。① Gillette 等（2007）用实验的方法采用模型和学生为对象进行检验，结果显示在双层董事会模式的董事会当中，董事会决定会由最大化利益相关者利益决定，同时也因为会表现出比较保守的态度，造成一些好的项目被放弃从而会降低企业价值。② Adams 和 Ferreira（2007）指出，单层董事会模式使得董事会必须要承担起建议和监督的双重任务，此时，一个友好的董事会（friendly board，独立性较低的董事会）可能会对股东更加有利；而双层董事会模式却能够使得这两个任务有效地分担给了董事会和监事会，这时 CEO 有更大的激励去提供精确的信息，从而增加企业价值。③

（二）董事会构成

1. 董事会规模

董事会规模主要指人数概念，也就是董事会成员的多少。现代公司治理机制中的核心组成部分的董事会，对公司整体绩效和股东利益保护等作用的体现是一个既定的事实。对于董事会规模的研究，有的认为规模小的更有效率，认为董事会规模大了会为董事会成员"搭便车"的行为提供一个相对安全的环境，而且会对董事会成员间的相互监督和相互激励产生较大的副作用。

对于董事会规模较早的研究缘于 Lipton 和 Lorsch（1992），在他们的研究中认为董事会如果超过 10 人的规模时，其弊端就会表现出来，首先是董事会变得缺乏效率；其次是董事会的控制权会随董事会成员人数的增多而进一步地分散化，这时就容易造成董事会只具

---

① Klaus J. H., Leyens P. C., "Board Models in Europe – recent Developments of Internal Corporate Governance Structures in Germany, the United Kingdom, France, and Italy", *European Company and Financial Law Review*, Vol. 1, No. 2, 2004, pp. 135 – 168.

② Gillette A. B., Thomas H. N., and Michael J. R., Board Structures around the World: An Experimental Investigation, Georgia State University – Experimental Economics Center Working Paper, 2007.

③ Adams R. B., Ferreira D., "A Theory of Friendly Boards", *Journal of Finance*, Vol. 62, No. 3, 2007, pp. 217 – 250.

备了象征性的色彩，这可能最终导致控制权将被职业经理人掌握。[①] Jensen（1993）研究证实了董事会规模与公司绩效之间为负相关关系，也就是规模小的董事会同规模大的董事会相比会更有效。[②] Yermack（1996）用 *Tobin's Q* 衡量企业价值，也得出董事会规模与 *Tobin's Q* 存在显著的负相关关系。[③] Eisenberg 等（1997）应用芬兰 1992—1994 年约 900 家未上市的中小型公司搜集样本数据进行研究，最终结果表明董事会规模与经过行业调整后的公司资产回报率之间为显著的负相关关系。[④] Singh 和 Davidson（2003）也认为规模越小越好，并应用数据证实小型董事会更有利于提高公司的整体绩效。[⑤] Mak 和 Kusnadi（2005）应用新加坡和马来西亚的上市公司数据也得到了以上的相似结论。[⑥] Pfeffer（1982）对董事会规模的外生性进行了界定，认为董事会规模是对于外部环境在组织层面的直接表现，它本身并不具有随机性或者独立性。[⑦] Raheja（2005）从理论推演的基础上能够构建一个内外部董事的相互作用模型，并且认为一个最优的董事会规模和构成是一个董事和公司自身特征的综合函数。[⑧] 但是 Coles、Daniel 和 Naveen（2008）将企业分为复杂和简单的企业，并提出复杂企业比起相对简单的企业需要更多的建议，

---

① Lipton M. , Lorsch J. , "A Modest Proposal for Improved Corporate Governance", *Business Lawyer*, No. 48, 1992, pp. 59 –77.

② Jensen M. C. , Meckling W. H. , "Modern Industrial Revolution, Exit and the Failure of Internal Control Systems", *Journal of Finance*, Vol. 48, No. 3, 1993, pp. 831 –880.

③ Yermack D. , "Higher Market Valuation of Companies with a Small Board of Directors", *Journal of Financial Economics*, Vol. 40, No. 3, 1996, pp. 185 –211.

④ Eisenberg T. , Stefan S. , and Martin T. , "Larger Board Size and Decreasing Firm Value in Small Frms", *Journal of Financial Economics*, Vol. 48, No. 1, 1997, pp. 35 –54.

⑤ Singh M. , Davidson W. , "Agency Costs, Ownership Structures and Corporate Governance Mechanisms", *Journal of Banking and Finance*, Vol. 27, No. 5, 2003, pp. 793 –816.

⑥ Mak Y. T. , Kusnadi Y. , "Size Really Matters: Further Evidence on the Negative Relationship between Board Size and Firm Value", *Pacific Basin Finance Journal*, Vol. 13, No. 3, 2005, pp. 301 –318.

⑦ Pfeffer J. , *Organizations and Organization Theory*, Boston: Pitman, 1982.

⑧ Raheja C. G. , "Determinants of Board Size and Composition: A Theory of Corporate Boards", *Journal of Financial and Quantitative Analysis*, Vol. 40, No. 2, 2005, pp. 221 –254.

所以会拥有更多的外部董事与更大规模的董事会，在复杂的企业，*Tobin's Q* 随着董事会规模的增大而上升；在简单的企业中，*Tobin's Q* 随着董事会规模的增大而下降。① 这在一定程度上支持了企业特征对于董事会规模的决定，所以董事会规模是由一个综合性因素决定的。

国内相关研究主要围绕董事会规模与 *Tobin's Q* 值、总资产收益率、净资产收益率等的关系，从企业自身业绩或价值的角度衡量董事会规模的有效性。孙永祥（2001）通过实证研究提出我国上市公司的董事会规模比较合理（7—11 人），董事会规模与公司业绩（ROA、ROE）之间存在显著的负相关关系，但与公司价值（*Tobin's Q*）之间没有显著关系，董事会规模越小，则公司绩效越佳。② 于东智（2003）的研究表明，董事会规模对公司绩效有显著影响，两者呈倒 U 形关系，当董事会人数小于 9 时，增加董事会规模将有利于提高公司绩效，超过 9 人后，随着董事会规模的扩大将妨碍公司绩效的提升。③ 但是吴水澎（2005）实证研究表明，董事会规模与公司绩效之间没有显著关系。④

2. 董事会成员

国外对于董事会成员构成的相关研究是从内部或外部董事、执行或非执行董事的角度进行的，从这一角度研究董事会人员构成的改革是与公司治理理论实践的历史演进紧密相关的。美国研究者大多根据董事的来源对董事成员进行界定，区分为内部董事和外部董事，在外部董事中能够拥有特定独立性的才能被确认为是独立的外部董事，这就是我们所一直在研究讨论的独立董事。英国研究者一

---

① Coles J., Daniel N., Naveen L., "Boards: Does One Size Fit All?", *Journal of Financial Economics*, Vol. 87, No. 2, 2008, pp. 239 – 356.

② 孙永祥：《所有权、融资结构与公司治理机制》，《经济研究》2001 年第 1 期，第 45—53 页。

③ 于东智：《董事会、公司治理与绩效——对中国上市公司的经验分析》，《中国社会科学》2003 年第 3 期，第 29—41、205—206 页。

④ 吴水澎主编：《公司董事会、监事会效率与内控机制研究》，中国财政经济出版社 2005 年版。

直坚持将董事按照执行董事与非执行董事的方式来划分，具有特定独立性的非执行董事被认定为独立董事，而对于内部董事和执行董事界定几乎相同，外部董事与非执行董事也是相似的概念。

独立董事相关的制度来自英美法系的国家，在 20 世纪 40 年代，为克服当时基金行业存在的弊端，美国国会在其制定的《投资公司法》中就限制了投资公司的董事会中独立董事席位比例不得低于40%。20 世纪六七十年代独立董事制度才在一般公众公司中广泛推行，在那时，蓬勃发展的经济为股份公司股权的分散化奠定了基础；在全世界的范围内，也有比较多的研究成果揭示了董事会职能在逐渐减弱这一客观的事实。在 1999 年，美国证券交易委员会（SEC）集结理论界和实践界对独立董事的作用与职责进行了深入的圆桌会议讨论，并最终一致认为独立董事应在董事会中拥有多数的席位。据经济合作与发展组织（OECD）《世界主要企业统计指标的国际比较（1999 年）》的数据统计，美国企业中的独立董事比例为62%，英国的独立董事比例为34%，法国的独立董事比例为29%。

Baysinger 和 Butler（1985）在研究中将董事的执行、工具、监控这三种功能进行区分，认为执行董事为内部董事，工具董事相当于准外部董事，外部董事则充当了监控董事的角色，在监控董事职能中大部分的职能体现均为独立董事的职能。[①] 并且这两位研究者对美国《福布斯》266 家公司的董事会构成以及董事会内部运作进行了分析，这都为企业实践中对独立董事的功能定位提供了有益的启示。美国科罗拉多大学金融系 Bhagat 教授和哥伦比亚大学 Bernard 教授（1999）成立研究小组，对 934 家大型上市公司的独立董事情况进行了分析，其中包括 GE、IBM 等美国著名大型企业，最终结论认为美国大型上市公司在董事会结构内引入的独立董事越来越多，

---

① Baysinger B., Butler H., "Corporate Governance and the Board of Directors: Performance Effects of Changes in Board Composition", *Journal of Law, Economics & Organization*, Vol. 1, No. 1, 1985, pp. 101 – 124.

可是这并不能有效地改善其治理效率和显著提升公司的业绩。[①] 以美国的上市公司为对象，Denis 等（1997）对董事会的结构进行动态性的分析，并且按照内部董事、关联外部董事和独立外部董事对董事会成员进行了区分，最终指出随着公司所有权结构的变化、公司 CEO 的变化、股票价格的变化以及收购威胁的情况都将导致董事会结构的相应改变。[②] Tricker（1994）分析了英国的公司，总结出对董事会成员可以划分为执行董事与非执行董事，在此基础上总结出了董事会构成模式的四种基础模式。[③] Chen 和 Jaggi（2000）基于对公司信息披露的作用，分析了独立的非执行董事，在研究结果中指出当独立董事在公司的董事会中占据绝对多数时，公司层面所给出的信息披露内容会比较全面，而且企业财务信息披露与独立董事比例为正相关的关系，并且得出家族企业比非家族企业在这方面表现较弱。[④] Hossain、Prevost 和 Rao（2001）基于新西兰 1993 年的《公司法》修改进行了研究，认为在新西兰的公司中独立董事对经营业绩存在正向的积极作用。[⑤]

在现代企业中，上市公司建立独立董事制度已成为世界各国比较普遍适用的基础性制度，为完善上市公司的治理结构，促进我国上市公司运营的规范化发展，更好地维护公司利益，尤其是保护在上市公司中中小股东的合法权益，中国证监会在 2001 年 8 月 16 日发布了《关于在上市公司建立独立董事制度的指导意见》这一指导性文件。最近一段时间国内对独立董事的研究也比较全面和透彻，

[①]　Bhagat S.，Black B.，"The Uncertain Relationship between Board Composition and Firm Performance"，*Business Lawyer*，No. 3，1999，pp. 921 – 963.

[②]　Denis D. J.，Denis D. K.，and Sarin A.，"Agency Problems，Equity Ownership and Corporate Diversification"，*Journal of Finance*，Vol. 52，No. 1，1997，pp. 135 – 160.

[③]　Tricker R.，*International Corporate Governance*，Prentice Hall，1994.

[④]　Chen C. J. P.，Jaggi B.，"Association between Independent Non – executive Directors，Family Control and Financial Disclosures in Hong Kong"，*Journal of Accounting and Public Policy*，Vol. 19，No. 4 – 5，2000，pp. 285 – 310.

[⑤]　Hossain M.，Prevost A. K.，Rao R. P.，"Corporate Governance in New Zealand：The Effect of the 1993 Companies Act on the Relation between Board Composition and Firm Performance"，*Pacific – Basin Finance Journal*，Vol. 9，No. 2，2001，pp. 119 – 145.

王天习（2005）在《公司治理与独立董事研究》一书中认为，独立董事主要指那些独立于管理层，且与公司不存在任何可能严重影响他独立判断交易或关系等情况存在的外部董事，虽然他们所从事的工作在很大程度上带有兼职的性质，但是仍区别于兼职董事。① 仲继银（2008）在其研究中指出独立董事制度不可能解决我国股权结构层面长期存在的问题，在企业中大股东的力量不是独立董事的能力和动力所能够与之抗衡的；政府的国有资产管理体制才是导致公司治理中国有股权一股独大问题的根源所在，解决这一问题绝不是一朝引进了独立董事制度就能够有效解决的；董事会整体治理的水平提高不仅是要提高成员中独立董事比例这一个方面，对独立董事比例的提升只是影响董事会独立性和效率的一个手段而已。② 通过对董事会结构与职能的实证检验后李东明和邓世强（1999）发现，7—8 人的董事会人数规模比较普遍；董事的学历水平基本都已达到高等教育的层面，但是董事中高学历的还较为少见；董事会存在持股比例较高的现象，在此基础上认为董事会的人员学历上还有待提高，需要进一步加强外部董事的作用发挥。③ 李有根等（2001）为分析董事会构成和公司绩效之间的关系，建立了"最优构成—绩效"的基本逻辑，并将董事按照内部类、法人代表类、专家类和专务类董事的方法进行了分类，以此为基础分析得出非线性的倒 U 形关系存在于法人代表类的董事成员与净资产收益率之间，但是并没有发现显著和稳定关系存在于其他类型董事和公司业绩之间。④ 以沪市上市公司为研究对象，孙铮等（2001）初步构建了一个经理人员职业化和知识化分析框架，从公司董事的兼职情况和学历水平角

---

① 王天习：《公司治理与独立董事研究》，中国法制出版社 2005 年版，第 220—221 页。

② 仲继银：《董事会的会议、信息与沟通》，《董事会》2008 年第 2 期，第 88—91 页。

③ 李东明、邓世强：《上市公司董事会结构、职能的实证研究》，《证券市场导报》1999 年第 10 期，第 34—39 页。

④ 李有根、赵西萍等：《上市公司的董事会构成和公司绩效研究》，《中国工业经济》2001 年第 5 期，第 48—53 页。

度分析董事的影响，结果显示上市公司的高层人员能够在母公司兼有任职的情况下，此时公司就能够自然地划归为"好公司"，在这一前提条件下的董事学历水平就能够对应更好的公司绩效表现，即两者之间存在比较显著的正向相关性。[①] 在对董事会的统计分析中孙永祥（2001）表明董事会的规模越大，董事会中非执行董事比例会越高，他还分析了董事会中执行董事和非执行董事的构成情况，并研究了董事会委员会在职能分工下的具体作用。[②] 王跃堂（2003）[③]、邵少敏（2004）[④]、吴水澎（2005）[⑤] 等均从不同的角度检验了推行独立董事制度的有效性。

（三）董事会领导结构

在董事会中对于领导结构的界定主要是针对董事长、总经理的职位问题，即这两个职位由一人承担还是分开设置。企业实践当中，大部分的美国公司应用两职合一这种设置，在 20 世纪 90 年代末，约有93％的美国大公司里是 CEO 兼董事长。代理理论坚持在董事会中应该是将两职进行分设，这种设置能够通过削弱 CEO 的权力来降低经理层控制董事会的可能性。与代理理论相反，管家理论则坚持 CEO 兼任董事长这种两职合一的设置，在公司内有助于形成统一的领导权，从而能够在组织内构建信任，更好地激励这合一职位的工作积极性，最终体现在公司绩效的提升上（Muth & Donaldson，1998）。[⑥] 科层制基于组织管理理论坚持在两职问题上应该合

①　孙铮、姜秀华、任强：《治理结构与公司业绩的相关性研究》，《财经研究》2001年第 4 期，第 3—11 页。

②　孙永祥：《所有权、融资结构与公司治理机制》，《经济研究》2001 年第 1 期，第45—53 页。

③　王跃堂：《独立董事制度的有效性：基于自愿设立独立董事行为的初步评价》，《经济科学》2003 年第 2 期，第 87—97 页。

④　邵少敏：《我国独立董事制度：理论分析和实证研究》，博士学位论文，浙江大学，2004 年。

⑤　吴水澎主编：《公司董事会、监事会效率与内控机制研究》，中国财政经济出版社 2005 年版。

⑥　Muth M.，Donaldson L.，"Stewardship Theory and Board Structure：A Contingency Approach"，*Corporate Governance an International Review*，Vol. 6，No. 1，1998，pp. 5 – 28.

并设置，这样在反应速度上会有较好的表现，而且在这变幻莫测的市场环境下需要这样迅速的组织反应效率；但也认为将两职合一会失去监督约束的基本层级设置，这样就降低了董事会内部的监督职能，管理者的自利性和有限性会对股东及相关主体的利益存在损害的可能性。管理霸权理论主张董事会更是一个被动的工具，主要效忠于将他们挑选出来的管理层，对公司的具体状况并不十分了解，而且主要的信息来源于高管层的提供（Kosnik，1987）。[1]

在相关研究中，Jensen（1993）指出，如果两职合并设置，将会使得董事会丧失监督高层管理者的有效性，因为这一设置本身就没有顾及公司治理结构的层级设置。[2] 在 Tricker（1994）的研究中则提出，领导结构的设置问题是公司内部权力结构的一种平衡机制，对董事会的有效性起到了决定性的作用，这也是董事会作用发挥所必需的基础性条件。[3] 应用统计分析，Rechner 和 Dalton（1991）在研究中选择了《财富》列出的 200 家和 500 家普通公司，在统计结果中共同发现低的公司投资报酬率（ROI）对应的是两职合并设置的公司。[4] 但 Cannella 和 Lubatkin（1993）[5]、Mallette 和 Fowler（1992）[6] 研究发现，弱的正相关性存在于两职合并设置与净资产收益率之间。Coles 等（2001）指出，当两职兼任，权力的相

---

① Kosnik R. D., "Greenmail: A Study of Board Performance in Corporate Governance", *Administrative Science Quarterly*, Vol. 32, No. 1, 1987, pp. 163 – 185.

② Jensen M. C., "The Modern Industrial Revolution, Exit, and the Failure of Internal Control Systems", *Journal of Finance*, Vol. 48, No. 3, 1993, pp. 831 – 880.

③ Tricker R., *International Corporate Governance*, Prentice Hall, 1994.

④ Rechner P, Dalton D., "CEO Duality and Organizational Performance: A Longitudinal Analysis", *Strategic Management Journal*, Vol. 12, No. 2, 1991, pp. 155 – 160.

⑤ Cannella A. A., Lubatkin M., "Succession as a Sociopolitical Process: Internal Impediments to Outsider Succession", *Academy of Management Journal*, Vol. 36, No. 4, 1993, pp. 763 – 793.

⑥ Mallette P., Fowler K., "Effects of Board Composition and Stock Ownership on the Adoption of Poison Pills", *Academy of Management Journal*, Vol. 35, No. 5, 1992, pp. 1010 – 1035.

对集中使得 CEO 更倾向于做出满足个人私利而损害股东利益的决策。[1] 在考虑到环境变量的基础上，Boyd（1995）在研究中得到的结果显示，如果行业环境高度不稳定则两职合并有利于公司业绩的提升；如果行业环境动态性较弱则两职合并会对公司业绩有负向的影响。[2]

　　国内对董事长与总经理的领导层结构设置也一直在进行激烈讨论。以 IPO 公司为对象，李东平等（2001）运用回归分析检验了经理层人员兼任的相关问题，结论中指出高管兼任的情况下对应着大股东控股比例较高的情况，而且在这种情况下总资产相对比重（在这里采用资产总额与大股东资产总额的比重来衡量）也较高。[3] 从对组织层面的影响上，陈传明（1997）在研究中提到在市场环境竞争日益激烈的前提下，在两职设置上采用合一的方式对组织创新有促进作用，企业也会生存和发展得更好。[4] 孙永祥（2001）也认为，从我国实际发展现状来看，对两职采取分离设置的政策选择并不是一个最优化选择。[5] 何浚（1998）则指出两职合一意味着经理层人员权力的高度膨胀，让总经理自己监督自己，这会显著削弱董事会监督高层经理人员的有效性。[6] 吴淑琨等（1998）通过对中国上市公司的分析认为两职设置与公司业绩之间并不存在显著的相关性，但是随着公司规模的增加确实看到两职设置也出现了相应的变化，这直接的现象反映是对于规模越大的公司，就越是容易选择两职合

---

　　[1]　Coles J., Mcwilliams V., Sen N., "An Examination of the Relationship of Governance Mechanisms to Performance", *Journal of Management*, Vol. 27, No. 1, 2001, pp. 23 – 55.

　　[2]　Boyd B. K., "CEO Durality and Firm Performance: A Contingency Model", *Strategic Management Journal*, Vol. 16, No. 4, 1995, pp. 301 – 312.

　　[3]　李东平、黄德华、王振林:《"不清洁"审计意见、盈余管理与会计师事务所变更》,《会计研究》2001 年第 6 期，第 116—119 页。

　　[4]　陈传明:《"内部人控制"成因的管理学思考》,《中国工业经济》1997 年第 11 期，第 38—42 页。

　　[5]　孙永祥:《所有权、融资结构与公司治理机制》,《经济研究》2001 年第 1 期，第 45—53 页。

　　[6]　何浚:《上市公司治理结构的实证分析》,《经济研究》1998 年第 5 期，第 50—57 页。

一的方式来设置领导层结构。① 根据何家成（2004）的统计结果，美国在 2002 年，董事长兼 CEO 情况在全部公司样本上约为 2/3，而对于发展情况较好的标准普尔 500 家企业来说却接近 3/4 的比例，这反映出当公司越好时两职兼任的程度也就越高。② 于东辉等（2003）③、吴水澎（2005）④ 通过对上市公司的分析，均认为两职状态并不是影响公司绩效的重要因素。

（四）董事会成员的激励

Perry（1996）在研究中就指出薪酬激励计划是能够对董事的具体行为造成直接影响的，⑤ 而且从精神激励的层面，Shivdasani（1993）的研究也认为董事的名誉资本也对董事会的行为存在一定程度的影响。⑥ Jensen 和 Ruback（1983）指出如果上市公司董事持股比例越高，则董事会越可能发生自利行为，为维持本身的地位和高的薪酬收入从而否定那些能提升公司未来价值却损害公司目前利益的项目，以整体利益和长期利益来衡量，这对公司的绩效乃至公司的存续发展是不利的。⑦ Warfield 等（1995）在实证研究报告中就指出，董事和管理层的长期激励与企业业绩信息披露程度的真实性为正相关关系，这从侧面反映了董事长期薪酬与财务风险水平之间

---

① 吴淑琨、柏杰、席酉民：《董事长与总经理两职的分离与合———中国上市公司实证分析》，《经济研究》1998 年第 8 期，第 21—28 页。

② 何家成：《公司治理——治理案例的国际比较》，经济科学出版社 2004 年版。

③ 于东辉、于东智：《董事的持股权、公司治理与绩效：理论与经验》，《烟台大学学报》（哲学社会科学版）2003 年第 4 期，第 425—431 页。

④ 吴水澎主编：《公司董事会、监事会效率与内控机制研究》，中国财政经济出版社 2005 年版。

⑤ Perry J. L., "Measuring Public Service Motivation: An Assessment of Construct Reliability and Validity", *Journal of Public Administration Research and Theory*, Vol. 6, No. 1, 1996, pp. 5 – 22.

⑥ Shivdasani A., "Board Composition, Ownership Structure, and Hostile Takeovers", *Journal of Accounting and Economics*, Vol. 16, No. 1 – 3, 1993, pp. 167 – 198.

⑦ Jensen M. C., Ruback R. S., "The Market for Corporate Control", *Journal of Financial Economics*, Vol. 11, No. 1 – 4, 1983, pp. 5 – 50.

可能存在负相关关系。[①] Mishra 和 Nielsen（2000）的研究认为，基于业绩的高管薪酬能够对董事会的独立程度和管理层激励形成有效的替代作用，特别是在董事会成员中独立董事的比例较低时，业绩薪酬对于促进公司业绩的增长更显著。[②] 宋增基等（2008）认为，董事的相关报酬对于公司治理来说能起到强化作用，董事会独立性较高时，其报酬结构能更好地激励董事履行监管职能，但当董事会独立性较低时，代理冲突会因为报酬结构的变化而加剧；授予董事会合理的激励报酬可以克服公司监管障碍，提高公司治理水平。[③] Beasley 等（2000）也通过实证研究认为外部董事的股权数量与公司内发生财务舞弊情况之间为负相关的关系。[④] 李维安和孙文（2007）利用南开大学公司治理指数当中的董事会指数作为衡量董事会治理水平的具体指标，在研究中发现随着董事薪酬指数的升高公司业绩也会随之有较大的提升，这表明董事会薪酬的改善能够显著地提升公司的业绩表现。[⑤]

（五）董事会的行为

现有研究较多地从董事持股情况、董事会会议情况来衡量董事会行为，并以此为基础研究董事会治理问题，在实证检验中主要是应用回归分析检验这些指标与公司绩效之间的关系来体现董事会行为的有效性。

1. 对于董事会持股情况的研究

在股权结构上董事会持股本身一方面是为了对公司控制权的掌

---

① Warfield T. D., Wild J. J., and Wild K. L., "Managerial Ownership, Accounting Choices, and Informativeness of Earnings", *Journal of Accounting and Economics*, Vol. 20, No. 4, 1995, pp. 61 – 91.

② Mishra C. S., Nielsen J. F., "Board Independence and Compensation Policies in Large Bank Holding Companies", *Financial Management*, Vol. 29, No. 3, 2000, pp. 163 – 184.

③ 宋增基、徐叶琴、张宗益：《董事报酬、独立性与公司治理》，《当代经济科学》2008 年第 8 期，第 95—105 页。

④ Beasley et al., "Fraudulent Financial Reporting: Consideration of Industry Traits and Corporate Governance Mechanisms", *Accounting Horizons*, Vol. 14, No. 11, 2000, pp. 441 – 454.

⑤ 李维安、孙文：《董事会治理对公司绩效累积效应的实证研究》，《中国工业经济》2007 年第 12 期，第 77—84 页。

控，另一方面也是董事激励的一种体现，在其衡量上主要应用在公司全部股本中董事持有股本的比例情况来计量。Morck 等（1990）认为，从公司业绩与董事持股的关系来分析的话，当在一个相对的持股水平下公司业绩才能够有一个较好的统计意义上的表现。[①] Hermalin 和 Weisbech（1991）[②] 研究结论支持了这一观点。Bingham（1995）研究指出，当董事会成员拥有公司股份时，董事们的工作积极性能够被有效激发，从而会更好地提升对管理层的监督有效性。[③] 全美公司董事联合会（National Association of Corporate Directors）以美国公司为对象对董事持股情况进行分析得出，相当数量的所有权份额可以赋予董事的前提下，利益联盟团体即可以在董事、股东和管理者三者之间构建完成，且具有更大的稳定性。Morck 等（1990）认为，董事的持股具有阶段性的效应，董事会成员所有权比例在 0—5%、5%—25% 和 25% 以上对公司业绩的影响是先升后降又升的影响效应。[④] Mcconnell 和 Servaes（2008）的研究也发现公司业绩与公司的股权结构相应地会发生变化，股权结构与公司绩效在当高管层持股比例小于 50% 时呈现正相关关系，即坐标系中的曲线是向右上方倾斜的；但是当高管层持股比例超过 50% 之后股权结构与公司绩效关系发生方向转变呈现负相关关系，即曲线开始向右下方倾斜，总体呈现出倒 U 形的关系。[⑤] 以《幸福》500 家制造业公司为样本数据，Myeong – Hyeon Cho（1998）的研究结论支持

① Morck R. , Shleifer A. , Vishny R. , "Do Managerial Objectives Drive Bad Acquisitions", *Journal of Finance*, Vol. 45, No. 1, 1990, pp. 31 – 48.

② Hermalin B. E. , Weisbech M. S. , "The Effects of Board Composition and Direct Incentives on Firm Performance", *Business Financial Research and Policy Studies*, Vol. 20, No. 4, 1991, pp. 101 – 112.

③ Bingham G. P. , "Dynamics and the Problem of Visual Event Recognition", in R. Port and T. Van Gelder eds. , *Mind as Motion: Dynamics, Behavior and Cognition*, Cambridge, MA: MIT Press, 1995, pp. 403 – 448.

④ Morck R. , Shleifer A. , Vishny R. , "Do Managerial Objectives Drive Bad Acquisitions?", *Jouranl of Finance*, Vol. 45, No. 1, 1990, pp. 31 – 48.

⑤ Mcconnell J. , Servaes H. , Lins K. , "Changes in Insider Ownership and Changes in the Market Valve of the Firm", *Journal of Corporate Finance*, Vol. 14, No. 2, 2008, pp. 92 – 106.

了以上结论，认为董事持有的股权应该在 0—7%、7%—38%、38%—100% 的比例区间上变化。①

2. 关于董事会会议情况的研究

对于董事会行为的衡量，因为保密性的要求董事会会议一直是一个打不开的"黑箱"，然而从结果性指标上看，董事会会议情况主要包括董事会召开会议次数、董事会会议形式及会议时长等。董事会会议情况是反映董事会的主要行为特征，Lipton 和 Lorsch（1992）、② Jensen 和 Meckling③（1993）等在研究中就指出董事会会议频率是衡量董事会监督职能与有效性的一个重要指标，董事会会议情况会影响到公司治理和公司业绩水平。从董事会会议的功能与效果角度进行分析，Lipton 和 Lorsch（1992）指出，董事如果想能够有效履行其监管职能，足够时间的参与和了解是一个必要的前提条件，然而这也是董事所面临的最普遍的问题，更好地履行其职责就需要他们能够有面对面沟通的机会和时间，这将有利于对股东的利益保护，接触的机会越多、了解的情况越全面，就能够有更多的沟通机会，在这样的情况下才能够保障股东利益与董事利益相协调，从而使他们做出更有利于一致利益的相关决策。④ 关于董事会行为强度研究的重要性，Vafeas（1999）的研究就针对董事会会议频率检验了其对于公司治理的重要支撑作用，发现了董事会频率与业绩之间的关系，也在结论中强调对于董事会会议频率的调整是很容易的，其成本相对也较小，但是却能达到更好的治理效果，这相比董事会构成或公司所有权结构的调整，以及对公司章程的改进看

---

①　Myeong – Hyeon C.，"Ownership Structure，Investment，and the Corporate Value：An Empirical Analysis"，*Journal of Financial Economics*，Vol. 47，No. 2，1998，pp. 103 – 121.

②　Lipton M.，Lorsch J.，"A Modest Proposal for Improved Corporate Governance"，*Business Lawyer*，No. 48，1992，pp. 59 – 77.

③　Jensen M. C.，Meckling W. H.，"Modern Industrial Revolution，Exit and the Failure of Internal Control Systems"，*Journal of Finance*，Vol. 48，No. 3，1993，pp. 831 – 880.

④　Lipton M.，Lorsch J.，"A Modest Proposal for Improved Corporate Governance"，*Business Lawyer*，No. 48，1992，pp. 59 – 77.

起来容易得多，所以应该从这一具体行为上加以改善。① 从董事会的会议时长上，Conger 等（1998）研究指出，在提高董事会效率与效果方面董事会会议时间是一个决定性的因素。② 于东智（2003）提出在短暂的董事会会议上，根本无法对所提出的议案进行充分的思考和讨论，这造成很多董事会会议可能本身只是流于形式化，有些决议的达成并不在会议上而是在会议之前就已经完成。③ 在以上各观点的基础上可以得出，董事会会议是有利于董事履行其职责的，对公司的绩效有较好的促进作用，从而使股东利益得到更好的保护（牛建波和李胜楠，2007）。④ 马连福和石晓飞（2014）从董事会会议形式上将董事会会议分为现场会议与通信会议，并且检验了不同董事会会议形式对其后公司业绩的影响，研究结果显示现场会议频率增多之后的公司业绩能得到显著改善，而应用通信会议比例过高的话将导致其后的公司绩效下降，这最终提示的是董事会会议形式不只是一种形式上的选择，更重要的是在形式背后反映出的实质，这些实质内容的变化才是影响董事会价值有效性的关键。⑤

第四节　文献评述

本章以企业创始人存在于企业为主线，梳理了创始人界定、创始人特质、创始人对企业活动与企业业绩影响的相关文献，这些研究的内涵为创始人是企业产生与发展过程中一类特殊的人力资本，

---

① Vafeas N. , "Board Meeting Frequency and Firm Performance", *Journal of Financial Economics*, Vol. 53, No. 1, 1999, pp. 113 – 142.

② Conger J. A. , Finegold D. , Lawler E. E. , "Lawler Appraising Boardroom Performance", *Harvard Business Review*, Vol. 76, No. 1, 1998, pp. 136 – 148.

③ 于东智：《董事会、公司治理与绩效——对中国上市公司的经验分析》，《中国社会科学》2003 年第 3 期，第 29—41、205—206 页。

④ 牛建波、李胜楠：《控股股东两权偏离、董事会行为与企业价值：基于中国民营上市公司面板数据的比较研究》，《南开管理评论》2007 年第 2 期，第 31—37 页。

⑤ 马连福、石晓飞：《董事会会议"形"与"实"的权衡》，《中国工业经济》2014 年第 1 期，第 88—100 页。

创始人的自身特质与行为都为创始人企业带来了不同于其他企业的组织架构、战略、文化与价值体现，这些方面的研究虽取得一定成果，但均有待进一步的研究与挖掘。

一　创始人影响的两面性

从以上综合各类视角对创始人相关的研究文献来看，对创始人影响的研究当中发现，创始人对于企业来说影响具有两面性，一方面可能有利于企业的发展，另一方面也会因为创始人的存在而产生一些问题。首先，Begley（1995）、Certo 等（2001）、He（2008）、Nelson（2003）等的研究均得出创始人担任公司 CEO 时对企业的公司治理和整体发展具有正面的促进作用，长期目标的渴望和潜在激励赋予了创始人这种正向的作用，这也表明长期的发展才是创始人关注的重点，不同于其他经理层人员为了获得眼前利益而采取手段提升短期绩效表现或价值表现的行为。这也可能来源于某些特殊资产（Specific assets）对创始人的影响，如伴随企业成长过程中所积累的声誉、经验、能力以及与外界的各种关系资源。其次，相对于创始人的正面作用，一些研究认为创始人担任公司 CEO 对企业业绩没有影响，甚至可能存在负向的影响。例如，当企业成长到一定规模或者是走上上市公司平台时，在创业初期形成的管理经验和方法并不适合上市公司的需要，从而造成创始人对上市公司进行管理的能力较为匮乏，而且当企业上市以后在市场、财务、监管以及相关的其他管理内容上所面临的问题会更加复杂多样，这就可能造成对企业进一步发展的障碍（Adams et al.，2009；Wasserman，2003）。

在我国情境下，民营企业的发展有其自身的独特根源与路径，有着特殊的生存环境与底蕴。民营企业创始人也是我国经济中较早以市场为取向的新型管理者，他们是在我国特定的政治、经济和社会环境下，是从政策的推进中成长起来的，也是经济个体中最有生机和活力的阶层，对企业的各方面有着不同程度的影响，所以在我国情境下的创始人相关研究具有更加重要的意义。特别是以下几个问题：首先，创始人在企业的长期创业与发展的历程中，对管理能力、各类关系和自身权威方面都有一定的积累，这些积累都是其他管理者所不可比拟的，他们利用这些积累即可对公司绩效有很好的促进和提升。其次，当企业进入一定的生命周期内，企业所处环境和发展状态与初期相比大不一样，这时有可能出现一种创始人负累的情况，即创始人的经验等不再是促进作用而是会影响对如今形势的判断，从而影响了公司的存续与发展。再次，随着市场经济日趋成熟，他们对企业的影响不仅仅是其凭借优势股权比例保持控制的状态，而更多地体现在创始人的思想、理念成了企业的灵魂，这种特殊的思想与理念是否能够脱离创始人本身留在企业里尚不确定。最后，我国第一代家族企业创始人和管理权威人物都已渐入暮年，企业代际传承迫在眉睫，企业如何才能顺利传承。对于以上这些问题的分析，从理论上可以进一步理解在公司治理中创始人的作用，揭示创始人治理这种非正式制度对正式制度的替代作用；在实践上，这些问题的解答也为民营企业相关制度建设提供了经验证据。

二 创始人与董事会治理

在民营企业相关公司治理问题的研究中，对公司所有权、控制权以及两权的分离与公司治理关系的分析占据主体，此外还有股东利益冲突的相关研究（Jensen & Meckling，1976；LaPorta et al.，1998）。基于上述关于创始人与董事会有效性的研究综述，本书发现虽然在近期有些研究开始致力于创始家族股权和创始人在公司治理中角色的分析（Anderson & Reeb，2003；Jayaraman et al.，2000；Xia，2008），但是基于创始人对于公司治理的影响的研究还比较匮乏。此外，在某种程度上，对于作为创立者的企业创始人一直在企业中担任关键的管理角色，是一种企业不成熟的表现，也是一种企业对正式市场制度缺陷的自身反应。夏立军等（2012）就发现在市场化程度低的区域内创始人管理可能更为突出，这一解释在非正式制度干预或替代正式制度（Allen，Qian & Qian，2005）的研究上是一个有益的探索和补充。丰富的文献支撑和相关问题研究中，创始人一直在企业公司治理结构中居于很重要的管理职位，通过自身的影响力对企业公司治理的各方面带来影响，所以创始人与公司治理的研究将有助于我们进一步认识我国民营企业创始人对企业影响的内在机理与路径，也是对以往研究的有效延续，从而更细致、更深层次地挖掘创始人这一角色在公司治理中的作用。董事会治理是研究公司治理的关键核心，公司治理整体有效性的体现基本上都是根源于董事会有效性的衡量来进行的，况且过多的相关研究都拘泥于对单纯董事会的模式、董事会的构成、董事会的领导结构及董事会的行为在业绩反映上的有效性进行验证。所以从创始人这一民营企业中重要的管理角色角度去探索创始人对董事会治理有效性的影响，是一个很有价值的研究创始人对民营企业公司治理影响的切入点。

第三章　创始人与民营企业成长
制度背景分析

本章内容总结了民营企业的成长过程，界定了民营企业在我国经济中的角色，并以创始人与企业共生发展为线索总结了我国民营企业中创始人与企业共同成长的历史背景和现状，为本书将进行的理论逻辑分析、研究假设与实证检验奠定了历史背景和制度背景。

第一节　民营企业的历史背景分析

一　民营企业成长过程

（一）民营企业初创期

对于我国的民营企业，它的发展同国有企业或外资企业相比较，是一个更加曲折、更加痛苦的过程，这一特殊的过程根源于中国独特的市场环境与制度环境，也是源于同国有企业和外资企业有着完全不平等的资源待遇的事实。回顾民营企业的发展史，我国民营企业的发展整体呈现出的是夹缝中成长、逐渐壮大、前景光明的现实。

最初，在我国改革开放初期的社会背景和经济环境下，民营企业的成长并不很顺利，经历了诸多的坎坷，尝到了诸多的历史教训，经济发展、政治支撑乃至社会环境的特殊性使其必然有此经历。新中国成立后的一段时期，能够开始经营实业，进行小工厂运营或小的生意会被界定为"民族资本家"或者是"红色资本家"，在不久之后，这些"资本家"的身影几乎在"农业合作化"与"工业国营化"这两大运动中消失殆尽。到市场以计划经济体制运行的时期，公营经济一直是市场的主体，民营经济（私营经济）等其他经济形式被全部否定，并且采取了相应的措施。1978 年，党的十一届三中全会成功召开，在这之后经济体制改革开始进行，会议中提出了"让一部分人先富起来"；与此同时，家庭联产承包责任制也开始在农村尝试实行，这才使得封冻已久的中国民营经济有了生机。

在 20 世纪 80 年代，雨后春笋般出现了一批小的企业，看到了政策导向的变动很快采取行动的这批企业创立者，敢于先行的群体主要是"无产者"、没有固定职业或职业不理想的人群。在此阶段企业关系导向比较显著，企业形式也较为简单，不必有自己的产品与实体，凭借关系所批的条子就可以拿来做生意，因为他们主要依赖于关系来获取资源进行经营，所以他们也被称为"资源型企业家"。当然，在这同一时期一批"权大，胆大"能够与当时的行政官员搭上关系的也可以很快拥有自己的事业，这批人则被称为"权贵型企业家"。此外，市场初步放开，很多人看到了市场中存在的诸多机会，故以机会作为导向的一批企业创始人，敢于冒险、敢于投资，又拥有敏锐的观察力和良好的耐力，当时政府的政策监管也比较宽松，可能有一批没有文化和背景但是肯干能吃苦的企业创始人，付出诸多辛苦后也能够得到收益，这一群体更多地由以上提到的"无产者"群体组成，因为他们的胆魄和见识，他们被称作"胆大型企业家"。①

在当时历史背景和市场环境下，这一批创业者所存在的不足可能会在个人素质和知识结构上，当企业取得收益以后，这些钱被他们很快就挥霍掉了，也可能存在一定的经营风险，使他们更多地因为盲目经营造成所经营的企业亏损从而导致血本无归。至今在最初的市场中摸爬滚打出来的企业家已经所剩无几。然而，在这一批的

---

① 胆大型企业家就是我国市场经济中最早的一批民营企业创始人，他们富有开拓创新的精神、能快速地把握市场机会，并且因为当时所处的时期正是中国市场供小于求的紧缺经济时代，所以只要有好的机会也能顺利地创建企业，得到发家的"第一桶金"。

创业者当中，也存在一批知识水平较高的国家企事业单位的工作人员，他们看到机会放弃了原有职业，"下海"加入了当时的创业队伍中，用他们的学识、胆魄和独特的眼光开创了民营经济发展的最初探索道路。在这个队伍中，如四川的刘氏兄弟放弃了原有职务，毅然去新津开辟自己的事业，开始了最初的养殖鹌鹑事业，也开始了希望集团的创业，如今这依然是民营经济中的佼佼者；北京中关村创业的四通公司的段永基；张宏伟创建的东方集团，也是在中国改革开放的大背景下发展起来的。这些敢于放弃和尝试的人，在打拼中不仅发家致富也成就了自己的事业基础，他们也成了中国企业制度的首批探索者和受益者。

在一时期，随着企业的创立，创始人对于企业的成长几乎是生死相依的，而且这批创始人在企业中兼任着企业的经营者和所有者，这一时期企业的主要特点为：

（1）国有企业几乎独霸市场，所以民营企业只能在国有企业的缝隙中成长起来，并很快成为公有经济的重要竞争者。在此阶段鲁冠球以一个小作坊为基础发展成为汽车万向节的主要供应商，美的风扇也在何享健的带领下由一个加工电风扇壳的小作坊成为全国知名的企业。

（2）利润第一，重产量轻质量。计划经济是一个供小于求的市场状态，所以旺盛的需求成就了一个很大的卖方市场，这刚好被刚起步的民营企业抓住，所以就造成当时的企业只注重生产而不注重产品质量，因为在那一时期生产出来的产品无论质量如何都会有需求者，所以在此期间产生了不少的经济"暴发户"。小商品需求的发展成就了浙江义乌的小商品市场；鞋类加工和小电器生产在温州成了集群生产效应；诸多的服装和许多专业市场在广东出现。因为在这一时期钱比较容易赚，所以在这一阶段民营企业进行了大量的原始积累，为以后的发展奠定了雄厚的基础。

（3）生产方式家族化和作坊化。在此阶段产生的民营企业，起家规模较小，生产人员以家庭成员和亲朋好友为主，这在当时是一种最为普遍的生产和经营模式，面对市场中的各类风险，创业者只能寻求最为信任的家族成员来共担风险，发展企业。

（4）关系导向比较严重。"姓资姓社"争论中和"割资本主义尾巴"舆论中，为了企业的生存与发展，创立者更多地寻求政治资源来保护企业和获得更多的发展机会。

（5）技术和设备引进成潮。20世纪80年代末期，与民营企业的发展态势相比，技术和设备都相对落后，所以这一需求是必须要满足的，西方国家和"亚洲四小龙"看到机会形成了一段时期的倾销淘汰设备风潮，它们将大批被淘汰或二流的设备发往中国。虽然在一定时期内这些设备还能够使用，可是很快即被市场所淘汰，这使得跟风的一些民营企业损失了不少资金。

（二）民营企业发展期

20世纪90年代初期，对计划与市场的讨论、对姓"资"姓"社"的争论都被邓小平南方谈话中止了，当时给出了"三个有利于"的市场判断标准。随着党的十四大召开，改革开放的历史成就得到了充分的肯定，确定了建立社会主义市场经济体制的目标，即建立社会主义市场经济体制以利于进一步解放和发展生产力，明确提出：坚持公有制为主体，多种经济长期并存共同发展。国家工商局发布的《关于促进个体、私营经济发展的若干意见》，对民营企业在经济方式、从业人员、经营范围、注册资金、登记手续等方面均放宽了相关的政策。因此，在政策的带动下，到20世纪90年代中期中国民营企业获得了飞速发展。沉寂和压抑的民营企业开始趁势发展，以超乎任何人预判的速度快速发展，企业的数量、资本、人员、产品等方面迅速翻番。据统计，1990年我国私营企业9.8万户，到1994年就达到43.2万户；从就业人数增长速度来看，在1993年与1994年中，私营企业就业人数分别比上年增长了60.8%和73.7%。在这一阶段，"下海"成为潮流，更多的人涌入民营经济发展的大潮中，这之中高素质人才纷纷涌现，他们的出现支撑了当时民营企业的发展并且对于民营企业的发展是一个非常大的促进，在整体上也优化了民营企业的素质结构，在整体竞争力上得到了充分的加强，一大批企业创始人、企业家都在此期间出现并成长，民营经济的贡献度和自身力量得到空前的提升。

在这一阶段，企业与企业创始人共同成长，共同经历了民营经济的大跨越式的发展，这一阶段民营企业的特点是：

（1）规模效应逐渐形成。在市场经济运行机制逐渐形成的过程中，各方面问题凸显，但是与此同时市场环境也日趋复杂，那种小而优的民营企业发展优势已不再，取而代之的是众多的大公司和企业集团。市场份额和地位在逐步被民营企业占据领先，更多行业霸头归属了民营企业。在此阶段得以快速发展的如保健品行业中的企业飞龙、红桃 K、太太，家电行业的企业美的、创维，饲料行业的希望，饮料行业的企业娃哈哈等，现在仍是市场中占有一席之地的著名民营企业。

（2）多元化发展战略。随着我国经济转型期的到来，这本身就是一个巨大的市场和政策提供的机会，有利于民营经济整体结构和水平的提升，然而在这一环境下发展起来的创业企业家开始抵制不住利益的诱惑，在市场机会上多处投资，走上了力求多点开花的多元化的发展模式，当然这在一定程度上确实也是一种风险分散的选择。巨人集团本来在电脑行业中发展得顺风顺水，但是出于对前景的不乐观，便在保健品行业进行试水并成功，雄厚的资金积累使其在此之后开始进入房地产市场，也正是在这个行业的资金运作上出现了问题，从而造成了巨人走上不归路。

（3）金融资本形成有效支撑。制约民营企业发展的最大问题就是资金的支持，在银行贷款上民营企业一直是被歧视的对象，但在此期间各类型和各层级的商业银行的成立为民营企业的发展提供了资本的大力支持，当然这也在企业资本结构基本靠企业家独自供给的模式下有了更丰富的资本结构构成，在这样的支撑下金融资本与产业资本有效融合，共同支撑民营企业的发展。

（4）家族化经营模式。随着各类政策和环境的改善与支持，民营企业规模迅速增大，创业期的共同承担到了此时该是利益分享的时期，从而也会伴生很多的问题。在此期间就有不少的企业因为利益的问题或停滞，或分解，或消失，将企业置于危机之中，有些企业因为这些问题而逐渐被市场淘汰。在 20 世纪 90 年代中期，希望集团解体，成为家族企业解体中最大的个案。

（5）人力资本力量被重视。民营企业家们开始把人力当成一种资本。美的集团何享健曾表示"宁放弃百万的生意也不能放弃一个人才"，在当时这成为在民营企业中广为流传的对人才需求的一句名言，他虽然文化不高，但却成功建设了在电风扇生产上世界最大的生产基地，在空调机生产上国内第二大规模的企业，这其中起到关键作用的还是人才，在公司最高管理层中充分利用人力资源，充分发挥经理人力量；曾经求贤若渴的还有万向集团的鲁冠球，在人才的引进和培养上做出了很大的努力和支出，斥资为企业的发展培养大学生这一事件在民营企业中是对待人力资源的一个表率。

（6）产权重组与企业改制成为民营企业扩张的契机。通过收购或兼并国企、集体企业，民营企业资产结构多元化，家族式经营的色彩逐渐淡化。由于国家宏观层面的政策比较宽松和持续稳定的状态，许多民营企业摆脱国有成分，进一步清晰产权，迎来了新的发展契机。

（7）追逐政治资源与荣誉。随着民营企业家的经济和社会地位凸显，在传统思想的影响下使得他们开始对名誉和政治资源有更多的需求。在民营企业创始人队伍中，姜伟、鲁冠球、牟其中、史玉柱等都曾是"改革风云人物"，各种政治身份成了他们追逐的对象，在其简历中大都具有工商联、政协、人大等背景经历（见表 3-1）。在政治上能够找到一种归属感和安全感，这是民营企业家所追求的一种关系资源和声誉机制的支撑。

也正是这一时期，所有权和经营权在民营企业资本结构中高度集中是一种普遍的现象，创始人融创立者、经营管理者、投资者于一身。一方面，当企业发展到一定生命周期阶段时，会出现创始人对企业发展的贡献降低；另一方面，因为企业发展的速度过快，创业者在面对企业的成长时，他们的经验和能力都受到了一定的限制而无法跟随企业的发展而增进，这就为企业的发展埋下了诸多的隐患，在企业中出现财务漏洞、发展失误、资本结构失衡、创新能力不足等诸多管理和治理的问题，从而使一些企业在辉煌过后遇到问题就土崩瓦解。因为创始人的失误，巨人集团史玉柱、三株集团吴炳新、太阳神集团骆辉消失在当时的历史背景下，此时民营企业应该完成自我反省的一段调整时期。

表 3 - 1　　　　　　　　参政议政的民营企业家

公司名称	企业家	政治地位
万向集团	鲁冠球	中共十三大、十四大代表；第九届全国人大代表、第十届全国人大主席团成员、第十一届全国人大代表
红豆集团	周耀庭	第九届、第十届全国人大代表
力帆集团	尹明善	重庆市第二届政协副主席、全国政协委员
传化集团	徐冠巨	浙江省第十届政协副主席
苏宁电器	张近东	全国劳模、全国政协委员、工商联副主席
德力西集团	胡成中	第十届全国政协委员
复星集团	郭广昌	第九届全国政协委员，民盟第十届中央委员，第十届、第十一届全国人大代表，工商联第九届执委会常务委员
天正集团	高天乐	全国政协委员、民建中央委员
美的集团	何享健	全国劳模、佛山市政协常委
广厦集团	楼忠福	第十届全国人大代表
世茂集团	许荣茂	全国政协委员、工商联副主席

资料来源：范博宏：《关键世代——走出华人家族企业传承之困》，东方出版社 2012 年版，第 22—23 页。

（三）民营企业完善期

到 20 世纪 90 年代后期，一批"知识型企业家"逐渐出现在人们的视线中，但遗憾的是，此时的这批企业的创立者或企业家更多的还是关注企业的产品和市场，而忽视了自身的完善与可持续性发展，大量的资金用于了广告宣传与企业形象性建设，但是从另一方面也可以发现，民营企业在市场经济环境中发展比较顺利，规模扩张迅速。为了企业的长久发展，创立者们都在对企业能够稳定发展的路径进行探索，在战略导向上开始时期的机会导向已不再能支撑企业的发展，取而代之的应该是战略导向型的企业成长之路。为更好地面对 21 世纪的整体经济环境，不但要有做好、做大、做强的战略，还要有面向国际，寻求跨国发展的战略。

在此期间，国家的宏观政策对民营经济的支持延续稳定态势，而且对民营企业的经济地位有了更重视的界定。党的十五大报告中对于民营经济有了进一步的界定，认为在我国市场经济初级阶段，民营经济是国民经济的"重要组成部分"，在其后的中共十六大报告中更进一步把民营企业界定为"中国特色社会主义事业的建设者"。① 在新的宪法修正案对统一战线的描述中，继"社会主义劳动者"之后，又特别增加了"社会主义事业的建设者"这一称谓，这些充分地体现国家层面已经意识到民营企业对于国民经济的重要性。而后相关文件提出了"助手作用"②，对民营企业的重视可见一斑，体现出民营经济在国民经济中这一角色的重要性，也明确了民营企业的发展政策支撑基础。以上从政策层面的支持与导向使民营企业面临了一个前所未有的巨大发展空间，在这样的环境背景下，更多的政府机关人员、科技人员，甚至是在国有企业中任职的技术和管理人员，在外部市场的利好吸引下舍弃了自己的稳定职位，涌入民营企业的创业队伍内，创办属于自己的企业。这一期间的民营企业创立者，借助灵活的民营企业运营机制，也凭借他们所具有的高素质基础，高速发展的趋势使得国家经济发展得顺风顺水、具有宽松的政策和巨大空间的市场环境，创业与发展都会很顺利而且迅速。

在这一阶段民营企业的创立者已逐步趋于理性和成熟，减少了

① "中国特色社会主义事业的建设者"的提法是在 20 世纪的最后一个月，江泽民在全国统战会议的讲话中指出：通过诚实劳动、合法经营的私营企业主，为建设中国特色社会主义事业贡献了力量。

② 《国务院关于鼓励支持和引导个体私营等非公有制经济发展的若干意见》中的第 34 条提出，"要充分发挥各级工商联在政府管理非公有制企业方面的助手作用"。

市场萌芽期和成长期的冲动和盲目，在新的机遇和挑战面前表现得更加从容和镇定，更稳定地去发展所创立的企业，企业所表现出的特征如下：

（1）寻求企业竞争力。那些高速扩张、飞速成长的企业在此阶段开始重新审视自己的发展模式，为了企业不仅要发展得快而且要发展得稳，在盲目多元化发展之后都做了归核化处理，寻找企业基业长青的核心产业和核心竞争力。王石分析了深圳万科集团的发展历程，总结认为"规模大的企业往往会不打自死"，这足以解释当时的万科为什么会放弃利润颇高的怡宝矿泉水事业，在这之后一心专注于企业的核心产业进行发展，然而经受时间的磨砺，当年的房地产商纷纷落马时万科依然在市场竞争中傲视群雄，这种归核发展寻求核心竞争力发展战略的意义不言自明。

（2）多元化理性发展。多元化发展是风险的分散也是风险的叠加，在众多企业平等的成长空间下，涌现了各个行业的领头企业，多元化发展难免会出现尾大不掉的困境，在这样的形势下，就要求理性地思考民营企业的发展。新希望总裁刘永好在"多元化"受到多方质疑的情形下，却选择了在原有核心产业外寻求发展，涉足国际贸易、医药、房地产、金融等多个行业。希望集团以万分谨慎的态度对待多元化发展战略，习惯于利用项目组的方式考察立项，在决定投资之前都会进行充分的实地调查和走访，并经过专家的反复论证，最终经得住论证和批驳的项目才能够去落实执行，因此新希望集团在多元化道路上十分谨慎也十分成功，在房地产开发项目中只是置地一项就取得巨大收益，而且在其集团多元化发展要求中规定：在总资产的40%内拨付支持多元化发展项目的资金。

（3）股权激励。民营企业公司治理结构中，所有权与经营权进一步分离，高级管理者的监督成本提升，且人才结构的不稳定也很容易制约企业的未来发展。高管激励一直是企业内部治理的一个重要方面，激励不足会产生懈怠危及企业发展，所以在此背景下，民营创业者开始放开部分控股权力，对公司整体进行股份化改造，优先认购权赋予职业经理人，将把高层管理人员的既得收益和企业发展融合在一起。美的集团于 1998 年年底进行初步的股份制改革。

（4）初步形成职业经理人市场。伴随企业成长过程中所形成的能力和积累的经验已经难以应对企业成长的需要和市场的变迁，民营企业这批创始人必须借助更好的职业经理人来对公司进行经营和管理，这就是经理人需求市场的形成背景。此外，随着国内人才市场的流动性变大，经理人供给和市场需求形成对接，也进一步支撑了经理人市场，当时许多的经营管理人才在国有企业改造中被推进了人力资源市场，在这种情况下这一新兴的人力资源供给初步呈现。

（5）寻求上市发展。民营企业梦想能够上市进行资金融通愿望得以实现，《证券法》正式出台以后，民营企业和国有企业上市获得了同等的政策待遇与支持，使得民营企业不必像在以往的资本市场上只能通过买壳上市才能进行募集资金。与此同时，向民营企业进行开放的还有香港股市的第二板块。资本的较量是企业发展和同其他企业抗衡的核心支撑，民营企业在上市后，将获得更多的资本来支撑原有竞争力和拓展核心竞争力。

（6）跨国公司的冲击。成功复关带来了诸多的改变，与跨国公司在市场上平等较量的话，我国民营企业还处在绝对的弱势。与跨国公司相比国内企业所存在的内部优势并不能抗衡这样的竞争压力，在经营管理能力、技术和资金方面，我国民营企业都存在着一定的缺陷，而且这是这些企业首次直接面对全球市场下的外来冲击，都还没有应对的经验，这可能要靠教训一点点来累积，所以它们一定要培养自己独特的竞争力来应对这当务之急。

现在，中国民营企业处于一个充满机遇和挑战的市场下，外部市场也正在经历变革，这就更需要民营企业快速地完善和成长，积累各种经济知识、管理经验和战略思维，在这样的环境下，民营企业及民营创立者们都必须拥有比以往更好的竞技状态、更敏锐的洞察力、更细致的管理方式和方法、更先进和超常的盈利模式去迎接这一场挑战。

二 民营企业角色定位

(一) 经济角色定位

民营企业 500 强①的评选条件对民营经济的成长是一个合适的诠释。走过这 30 多年发展历程的中国民营经济，在 2005 年 2 月，"非公经济三十六条"确立了民营经济，即非公有制经济的市场主体地位。截至现在，比较客观地说，对非公有制经济理论和政策性的障碍已基本解除，体制性的障碍也已经完成进一步的突破。党的十八大报告中表示"毫不动摇鼓励、支持、引导非公有制经济发展，保证各种所有制经济依法平等使用生产要素，公平参与市场竞争，同等受到法律保护"，这就意味市场的原有秩序的调整，民营资本和民营企业将能够进入以往国家垄断领域，参与市场中的公平竞争，将有更多的发展机遇与更广阔的发展空间。在中共十八届三中全会召开之后，所释放出的信号使得中国民营经济有了续航的原动力，在政策导向上民营经济会有更大的发展。从经济、政治、文化、社会、生态文明"五大建设"的十八届三中全会的政策导向解读中，我们可以看到民营经济发展有了新的趋向和利好，在传统与非传统领域都将有民营经济的身影，在垄断与非垄断行业都会有民营资本的介入。留给民营企业发展的是能否有效打造自身核心竞争力，适应市场的需求和发展节奏，跟上世界一流企业的管理理念和发展速度，这将是中国民营企业面临的巨大挑战。

(二) 市场角色定位

在国内市场中民营企业的地位已不容置疑，它在我国整体市场中的分量已不容忽视。在企业数量上民营企业几乎占到了全国企业总数的 99%，在民营企业中工作的员工总数大约为 2.8 亿人，而在国有企业中工作的员工约为 8000 万人，民营企业对全国工业产值的贡献在 60% 以上。经历了 30 多年来改革开放的历程，民营经济在

---

① 根据 2013 年 8 月由全国工商联发布的"2012 年中国民营企业 500 强"榜单，2012 年民企 500 强入选门槛再创新高，达 65.69 亿元；2002 年，这一入围条件只是 1.2 亿元。这 50 多倍的增长数据无疑是对民营经济十年发展的最好诠释。

顺应市场经济体制的同时也推动了市场经济体制的完善，对维护社会稳定和保障国民经济的健康和可持续发展起到了不可或缺的重要作用。与此同时，民营企业自身也不断地完善和提升，数量可观的大型民营企业在激烈的市场竞争中已经获得了生存和发展的管理真谛，也有不少企业因为缺乏科学的规划和论证支撑，不重视自身的创新和可持续发展，坚持用家族化管理替代科学化的管理机制，而逐渐被市场所淘汰。在这样的形势下，作为市场主体的民营企业应完善公司治理结构，提升管理水平，从制度层面和组织管理上引进新的管理思想和管理体系，完善创新机制，以更加坚固的管理水平、市场地位和发展潜力来面对更为复杂紧张的国内外市场变化。

（三）社会角色定位

实践和理论界一直都较为关注民营企业的社会责任的界定，这些企业已经用自身的行为来说明一切，很多的企业成长到一定规模便自觉地承担起了一定的社会责任。这一方面有利于对社会发展的推动，另一方面也有利于民营企业形象性建设和长远的存续。西方管理学理论认为企业家和管理者不同，企业家是具备创业和创新精神的管理者。民营企业应该肩负社会责任，但这应该由企业来承担，而不仅仅是企业家或管理者的责任。因为企业是企业，管理者是管理者，企业家是企业家，社会角色的主体是企业，并非企业家所必须承担的，这一点在我国民营企业中几乎是分不清的。民营企业所能够承担的社会责任除重视安全、珍惜生命、爱护资源、保护环境、合法经营、照章纳税等基本的企业使命外，还包括共同富裕、助弱济贫、服务社区、融入当地、扩大就业、创造条件等更丰富的外部化责任。

第二节　民营企业创始人与企业成长

创始人与企业成长存在不可分割性，创始人持续地经营企业，其个人财产与企业资产紧密联系，这赋予他们更大的动力去参与企业的管理工作，同时也为整个员工队伍注入了一种敬业奉献的精神，这种精神使得民营企业不断进步，鼓舞团队士气，护航企业的发展。

一　民营企业创始人现状分析

民营企业的创立者成长为现今企业界中不可或缺的企业家群体，他们伴随着企业创建与成长，与企业之间的关系非常复杂。如果以企业家的标准来测评这些创业者，成长起来的这一批管理者和经营者的水平相对来讲确实不高，在市场和政策的导向下，他们及时把握住了创业机会，在短时间内让企业的资产快速膨胀，为后续发展集聚了相当的资本积累，这从能力上支撑了他们作为企业家的基础条件。但由此衍生而来的是这批创始人的心浮气躁，因为在他们还未能深入理解管理企业的相关理论和建立科学的发展机制对于企业的重要性。来得比较容易的成功使他们对企业实际的生存方式产生误解，更多地看中自身的重要性，更错误地认为有了他企业便能够持久获利乃至基业长青。"十年前的成功经验，往往是十年后成功的障碍。"这是德鲁克在其著作中提出的，这一名言饱含深意，且有一定的指导意义。随着时间的消逝，外部市场环境变化，原有创始人积攒起来的经验、方法很快就被市场淘汰，所以我国民营企业的创始人必须从根本上提升自身的管理能力、经营能力和培养良好的企业家精神。

首先，在管理能力方面，民营企业家的整体管理水平都有待提高，因为民营企业大部分都是从家族式经营起步，以这种经营机制进行创业决定了企业的创立者就是企业的经营管理者，企业股权结构特征一定是所有权和经营权合一的，这也就决定了在管理方式上自然倾向于采用家族式管理。在企业的创业初期，企业规模较小，家族式管理有利于对企业的控制和保持较好的经营管理效率，但当企业进一步发展，有了丰厚的资本积累而且从规模上达到一定界限的时候，家族式管理的核心管理者，即企业的创始人便很难再对自己进行超越和约束，一方面是企业的发展活力受阻，另一方面也会为企业的发展埋下很深的隐患。面对竞争激烈的市场，提高管理专业化和技能专业化的程度是这些实体向正规化管理发展的必由之路。此时原有的家族成员的能力已未必能跟得上企业的发展，如果企业内任人唯亲现象严重的话也会造成故步自封、核心竞争力受损、信息渠道固化等种种问题。制度规则对内部人不起作用，要么是创业元老，要么是亲朋好友，在照顾这些人的同时也违反了制度的公平性和一贯性，这就需要管理者有更好的管理能力去应对以上问题。

其次，在经营理念上，进入 21 世纪以来民营企业经历了发展也经历了更多磨砺，但是在经营理念上还有待提高。对于市场的理解，要认识到市场不是一成不变的，是动态发展的，除了争夺现在的市场以外，市场还是可以创造的。GDP 在增长，人均收入在提高，这都意味着市场的扩大。不仅如此，市场还要靠企业来创造，开发一种新产品、赋予一种产品以新的功能、激发新的消费者的需求以及发展与之配套的服务等。在信息时代的今天企业的空间是巨大的，跟不上时代的发展，甚至说不能超前预知市场的发展方向，企业很快就会被淘汰，这既是民营企业创始人的机会也是对他们经营理念上的挑战，一定要在变动的市场中抓住机遇。民营企业要重视未来收益，兼并一家企业，看中的不是它目前的价值，而是它今后对企业的贡献和价值。要重视自主创新，打造自己真正的核心技术竞争优势，更要利用自身的机制灵活优势，敢于冒风险的同时积极完善内部管理机制。

最后，创始人应有意识培养企业家精神，顺势而为，现在的民营企业家不但成长了，而且成功了。阿里巴巴马云、联想柳传志、腾讯马化腾等新的一批企业家给了更多民营企业创业者遐想的空间。况且这些企业家对于企业来说是一种生命力的体现，虽然他们在努力排除一己之力对于企业的影响，但是这些企业如果离开了这些企业家会怎么样呢？企业的创立者是否具备企业家精神决定了企业的生命活力，缺乏企业家精神的创业者充其量只是市场中的一道烟花瞬间擦过。所以对诸多的民营企业来说，它们缺的是创业者的企业家精神，而不是市场、产品和资本。

二 民营企业创始人与企业传承发展

在我国文化中"君子之泽，五世而斩"、"富不过三代"等一直用来形容家族兴衰，这里被应用到了民营企业身上。正在势头上的中国顶级企业家们能够在改革开放背景下把握住机会，在市场经济的浪潮中取得非凡成就，拥有规模不错的产业，但这一批顺势而生的创始人最终也会逐渐退出企业的高层领导，他们面对自然规律也会无可避免地老去，甚至有的已经辞世。随着这批创业者暮年阶段的到来，他们离开企业的管理层已是不得已的选择，与此同时，一个关键问题便产生了，那就是继任者的选择。同时，这批企业的创立者也十分关心他们苦心经营的事业能够在下一代接班人的管理下维持多久。国内面临这样问题的企业家们应当为企业的顺利传承和存续，提早物色接班人以及考虑如何形成基业长青的管理模式与核心竞争力。

杭州娃哈哈集团领导人宗庆后就曾认为毛泽东是对他影响较大的领导人物。宗庆后认为，一位强势的领导者对现阶段大规模民营企业的成功是必需的，但是在专制的同时还要开明。他掌管娃哈哈集团期间一直都未设立副总经理职位，而是由他自己全权统筹指挥。据称在他的办公室内未安装电脑，因为他习惯也喜欢用"朱批"的方式签署文件和下达指令，有时甚至会亲自统计和书写每天的销售情况通报，在一线考察市场时他能够直接联系并指示下属，并针对问题或机会迅速开展相应行动。所以娃哈哈集团没有宗庆后是一件难以想象的事情，我们很难想象没有了他娃哈哈集团是否能有现在的规模，甚至是否能有娃哈哈集团的存在。但是时间不会停滞，还要用发展的眼光去看企业的未来，创业初期时创业者的英雄主义与亲力亲为，有利于企业的发展，但到了企业规模扩大和市场环境成熟的阶段还能够用一己之力保证企业的可持续发展吗？宗庆后的未来继承人还能是另一个"宗庆后"吗？当初，共同创业的亲密合作、互信与默契是创业成功的关键，也是被初有成就的创业者们津津乐道的，事业的成功关键就是事业伙伴能够默契合作的结果。在创业之初，朋友、家族成员往往是能够有钱出钱、有力出力的，并能够一贯地支持和鼓励，在这样的环境下才能把初期荒芜的企业做到一定的规模和市场影响力。具有中国传统特色的是，这些初创期的合作伙伴之间并不用与业绩和贡献相关联的现代化薪酬激励作为条件，更多讲的是血浓于水的友谊与亲情。在中国这片市场经济初期的热土上，血缘关系与义薄云天的氛围成就了创业团队的目标和执行力，同时这也是民营企业成功的关键因素。但是也正是这样，造成了企业发展和基业长青的重大隐患。这些企业创立的功臣之间的默契和对利益的淡泊并不一定能够传到下一代领导者身上，一旦他们垂垂老矣，这些人的子女后代之间肯定很难拥有当年他们之间的情谊与默契，这时问题就会出现。

民营企业的后继者，外界称之为"太子军"，这些人并不见得全部是不能委以重任的，但是我们也看到在这一人群中确实存在一些纨绔之类，在父辈财富打造的安乐窝里过得滋润，坐吃山空享受父辈的财荫和福荫。尽管到目前为止，尚没有得到任何有力数据来证实企业失败可能与创始人将位置传于后嗣存在必然联系，但相关统计的结果确实让这些人认识到传承的重要性。在家族企业的研究中，结果显示家族企业中能顺利传到第二代手中的不到全部数量的30%，在传下来的这些企业中仅有约10%能够顺利传到第三代（Ward，1987）。① 这表明传承方式中以"子承父业"的形式完成确实有着比较大的风险性，一个很直接的解释就是，并不是每一个创业者的儿子（或女儿）就肯定是企业传承的最好的继任者。但由于传统观念和企业家家族情结的影响，企业家们还是从教育上要尽力支持子女的成长，提供更多的机会让他们能够经历商业实战，即使这样的培养也不见得让后代人拥有对家族事业的热情和才能。当然，也存在一些特殊情况，当后继者中继任人存在多位且资质类似的情况下，那么企业的传承又怎么办呢？拆分将可能会造成整体家族利益的损失，更严重的是最终导致企业的灭亡。

---

① Ward J. L., "Keeping the Family Business Healthy", San Francisco：Jossey – Bass, 1987.

三 民营企业创始人与职业经理人

随着外部经济环境趋于稳定，在市场经济体制逐渐健全的现代市场环境下，这一批企业家同时扮演着企业成功的创建者和扶植者，且在企业成长过程中起到了不可替代的作用。伴随企业生命周期的延续，一旦当企业成长到一定规模，从组织结构到管理模式必须要进入到正规化发展阶段，进行现代公司制建设，这批创立者退出或逐步退出是一个必然要面对的问题。当他们离开这个经营管理的舞台时，职业经理人逐渐成为替代他们来经营管理企业的主角，这个创始人与职业经理人之间的对接迟早会提到企业持续发展的战略上来。这不仅是一个应对形势变化的必然之选，也符合企业自身的发展趋势和外部市场的需求，所以在这一角度上，民营企业创始人只是企业生命周期当中阶段性的管理者概念。

市场竞争格局和竞争方式是在不断发生变化的，民营企业也不可能永远保持原规模停滞不前。在外部环境发生变化的背景下，企业的竞争策略、管理模式、内部组织结构，甚至是整体的运营理念都应该对应外部需求发生相应的改变。但是民营企业对这些问题的处理，往往是当企业面对的问题成堆，甚至积重难返的时候，才想起招聘职业经理人能救"火"。"空降奇兵"就是当民营企业碰到困境时所想到的一根救命稻草，期望空降来的经理人能帮助企业改革。但这批空降人员也会面临两难的境地，民营企业有其固有的文化和管理模式，改革中触动哪一方的利益都会形成巨大的阻力，此时的企业不仅是一场管理的变革更是经历人事变动的战争。"空降奇兵"与"顽固势力"之间利益冲突，管理新贵与创业元老之间的意见分歧在所难免。当然也有部分创始人存在自身地位被颠覆的担心，理性权威的建立和职业经理人的引入都会对创始人原有的权威构成威胁。从理论基础上，理性权威的建设更为稳定，更有利于企业的可持续发展，它的确立不会对原有的创始人权威产生弱化作用，相反这种理性权威是持久的，是可以延续的，更能使企业稳定地成长和传承。之所以他们能有这样的担心，主要由于民营企业的创始人对管理者和企业家角色的理解存在偏差。"以价值观为基础的领导，以事实为基础的管理"在诺基亚公司被提出，这一价值观念的形成和对其他个体进行影响是企业家的角色所在，就事论事，以实务为基础是管理者的角色。

　　在欧美国家的一些企业中，许多历史悠久的知名家族企业都是聘请职业经理人管理家族事业的，在这样的基础上家族成员慢慢淡出了管理与经营层面，形成了较成熟的经理人市场。但就国内来说，民营企业创办时间并不长，经理人市场也不健全，真正能像欧美家族企业那样聘请职业经理人的只有均瑶集团等少数民营企业（见表3－2）。纵观均瑶集团成长历程，其前身是王均瑶、王均金及王均豪三兄弟创办的温州天龙包机有限公司（于1991年创办，也是中国第一家民营包机公司）。后业务拓展，开始进入乳制品行业，发展迅速并成功控股天津奥凯航空（国内第一家民营航空公司），均瑶集团60%的股份归属王氏家族。2004年，均瑶集团突遭变故，

表3－2　　　　　　　　**中国民营企业传承接班人案例**

企业	创办者	接班人	类别
碧桂园控股	杨国强	杨惠妍（杨国强女儿）	家族继承人
新希望集团	刘永好	刘畅（刘永好女儿）	家族继承人
东方希望集团	刘永行	刘相宇（刘永行儿子）	家族继承人
苏宁环球集团	张桂平	张康黎（张桂平儿子）	家族继承人
中马集团	吴良行	吴江（吴良行儿子）	家族继承人
方太集团	茅理翔	茅忠群（茅理翔儿子）	家族继承人
红豆集团	周耀庭	周海江（周耀庭儿子）	家族继承人
海鑫钢铁集团	李海仓	李兆会（李海仓儿子）	家族继承人
新华都	陈发树	唐骏	职业经理人
均瑶集团	王均瑶	黄辉	职业经理人
美的集团	何享健	方洪波	职业经理人
国美电器	黄光裕	陈晓	职业经理人

　　资料来源：范博宏：《关键世代——走出华人家族企业传承之困》，东方出版社2012年版，第222—223页。

集团董事长王均瑶因肠癌去世，家族成员王均金、王均豪分别出任正、副董事长。但其后在 2005 年，王氏兄弟退出了经营管理层，聘请毕博管理咨询大中华区前总裁黄辉出任集团 CEO，他很快接手并开始全面负责公司的各类业务，均瑶集团的治理转型迅速而稳定，可见其有较为充分的准备。对于民营企业的可持续发展，王氏兄弟明白并非每一代都能培养出家族管理人才。王均瑶在去世以前就企业的控股权有新的想法，他希望能进行股权"三三制"的改革，也就是家族、管理层、社会公众的股权各占 1/3。也正是这样的计划培养了一批忠实的管理层人员，企业才能够遇事不乱稳定承接。当今，经营理念在转变，国内的职业经理人队伍和市场也日趋成熟，更多的民营企业会采用与均瑶集团相同的做法，先后任职于盛大网络和新华都的唐骏就在此列。

第四章　理论分析与研究假设

本章开始为本书的理论分析与研究假设部分，在对企业创始人与董事会治理的国内外相关文献进行充分回顾和对我国民营企业创始人与企业成长的背景分析的基础上，我们以创始人存在于企业当中、创始人管理角色为切入点，研究其对公司治理及公司价值的影响。进而深入到董事会治理层面，从创始人的董事角色来进一步研究创始人对董事会治理有效性的贡献。

第一节　创始人、公司治理
与公司价值

一　创始人对公司价值的影响

民营企业中，每个企业的存在都是因为一个人或一群人决定去建立一个企业，并付诸实施的结果。创始人作为企业的创造者，完成了组织结构和组织战略的最初构建，并伴随企业成长，这一角色有着重要的作用。创始人不仅拥有一个想要组织做什么和成为什么的美好愿景，而且他们有着普遍不受以往方式约束的行为。在企业生命进程中，一方面，创始人参与了企业的产生与发展，与企业有着扯不断的联系，他们一直都处于企业决策的中心。Fama 和 Jensen（1983）指出股权集中于具有某种特殊关系的"决策型"代理人，可以确保其不会通过额外津贴、不合理投资来侵占股东利益，可见创始人正是具备这种特殊关系与决策职能的角色。① 而且，因为创业者通过专业知识、集中和长期的股权以及非金钱（例如，声誉和情感）关系的组合能够增加企业价值，所以与非创始人企业相比创始人企业具有更高的企业价值（Demsetz & Lehn，1985②；James，1999③）。另一方面，创始人将企业视为自身成就与能力的体现，更乐于将自身的各种关系与资本付诸企业的成长，特别是对于中国，由于市场规则和制度约束尚不健全，更加凸显出家族权威与创始人光环能够为企业建立政治关系、获得银行贷款、拓展客户关系等，为企业带来诸多现实好处（徐细雄、刘星，2012）。④ 此外，创始人的个人财产与企业资产紧密联系，这赋予他们更大的动力去为企业工作，同时也为整个员工队伍注入了一种敬业奉献的精神，这种精神让民营企业不断进步，鼓舞团队士气，护航企业的发展（Villalonga & Amit，2006）。⑤ 最终，创始人积极参与管理公司能够显著提升企业的公司价值（Anderson & Reeb，2003）。⑥

种种证据表明创始人在企业中表现出了与众不同的特质，与企业的关系错综复杂，对企业的发展有着重要的作用，在我国研究中也初步证实了创始人对企业业绩的贡献。本书将验证创始人对公司价值的影响，这将能使我们更清晰地、多角度地认识创始人对民营上市公司的影响。

据此，本书提出假设 H1 - 1，并拟加以验证。

① Fama E. F，Jensen M. C.，"Separation of Ownership and Control"，*Journal of Law and Economics*，Vol. 26，No. 2，1983，pp. 301 - 325.

② Demsetz H.，Lehn K.，"The Structure of Corporate Ownership：Causes and Consequences"，*Journal of Political Economy*，Vol. 93，No. 6，1985，pp. 1155 - 1177.

③ James H.，"Owner and Manager, Extended Horizons and the Family Firms"，*International Journal of the Economics of Business*，Vol. 6，No. 1，1999，pp. 41 - 56.

④ 徐细雄、刘星：《创始人权威、控制权配置与家族企业治理转型》，《中国工业经济》2012 年第 2 期，第 139—148 页。

⑤ Villalonga B.，Amit R.，"How Do Family Ownership, Control, and Management Affect Firm Value?"，*Journal of Financial Economics*，Vol. 80，No. 2，2006，pp. 385 - 417.

⑥ Anderson R.，Reeb D. M.，"Founding Family Ownership and Firm Performance：Evidence from the S&P 500"，*Journal of Finance*，Vol. 58，No. 3，2003，pp. 1301 - 1329.

H1 - 1：民营上市公司中存在创始人会显著提升公司价值。

二　创始人对公司治理的影响

有关企业中创始人与公司治理的研究，一种主导的观点认为创始人存在有助于改善企业的公司治理状况。不同于非创始人角色，创始人在某些方面存在一些独有的特性，专有经验和所有权让他们更愿意参与和监督企业的管理，这种密切的关系使他们更关注企业的声誉（James，1999）。[①] 创始人在伴随企业产生与发展的过程中积累了特有的企业经验，这些特有的经验能够减少董事会和经理阻碍有效监督的信息不对称问题（Jensen 等，1990），[②] 从而能够有效地降低信息成本。Karra 等（2006）[③] 和贺小刚等（2009）[④] 研究进一步证实家族权威治理有利于形成以创始人为核心的强凝聚力团队，提高执行效率，降低管理与交易成本。Li 和 Srinivasan（2011）研究显示当创始人作为董事时，存在比较多的资本和非资本的联系，这要求创始人以更好的能力和动力来行使监督职能，所以会存在较少的代理问题，比非创始人参与的公司拥有更好的治理环境。[⑤] 另一种观点认为，作为集所有者与经营者于一身的创始人，既拥有所有权又拥有控制权，Fama 和 Jensen（1983）认为，企业中所有权和控制权的"两权合一"，将使控制股东出于私人利益进行利润转移成为可能，将显著增大企业代理成本。[⑥] 可见，以往对创始人与公司治理水平的研究，均认为创始人会影响到企业公司治理的各方面。

---

① James H. , "Owner and Manager, Extended Horizons and the Family Firms", *International Journal of the Economics of Business*, Vol. 6, No. 1, 1999, pp. 41 – 56.

② Jensen M. C. , Murphy K. J. , "Performance Pay and Top – management Incentives", *Journal of Political Economy*, Vol. 98, No. 2, 1990, pp. 225 – 264.

③ Karra N. , Tracey P. , Nelson P. , "Altruism and Agency in the Family Firm: Exploring the Role of Family, Kinship, and Ethnicity", *Entrepreneurship Theory and Practice*, Vol. 30, No. 6, 2006, pp. 861 – 877.

④ 贺小刚、连燕玲：《家族权威与企业价值：基于家族上市公司的实证研究》，《经济研究》2009 年第 4 期，第 90—102 页。

⑤ Li F. , Srinivasan S. , "Corporate Governance When Founders are Directors", *Journal of Financial Economics*, Vol. 102, No. 2, 2011, pp. 454 – 469.

⑥ Fama E. F. , Jensen M. C. , "Separation of Ownership and Control", *Journal of Law and Economics*, Vol. 26, No. 2, 1983, pp. 301 – 325.

从公司治理与公司价值的研究方面，Jensen 和 Meckling（1976）在研究中得出企业业绩与企业有控制权的内部股东的股权比例之间存在正向相关的关系。[①] 在 Yermack（1996）的研究中，以 452 家美国公司在 1984—1991 年度样本数据为对象，分析了公司价值与董事会规模之间的关系，结果显示，在公司价值与董事会规模之间并不是单纯的线性关系，而是表现为负相关的凹型曲线。[②] 南开大学公司治理评价课题组（2008）研究显示，良好的公司治理有助于抑制终极控制股东的利益侵占行为、降低代理成本，从而有助于公司价值的提升。[③]

以上文献在研究创始人对公司业绩与公司价值影响的同时，初步证实了创始人对公司治理的影响，但对于公司治理水平整体的影响以及影响程度并未进行进一步验证，这激励我们去研究在创始人参与自己创建公司管理的情况下，创始人参与企业管理对民营上市公司的公司治理水平的影响，以及分析创始人、公司治理与公司价值之间的关系。

据此，本书提出假设 H1 - 2 与假设 H1 - 3，并拟加以验证。

H1 - 2：民营上市公司中存在创始人会显著提升公司治理水平。

H1 - 3：民营上市公司在创始人角色对公司价值的作用机制中，公司治理具有中介效应。

第二节　创始人董事对董事会治理的价值效应

基于代理理论和新古典经济学，它们事先就假定了公司管理者

---

① Jensen M. C, Meckling W. H., "Theory of the Firm: Managerial Behavior, Agency Costs and Ownership Structure", *Journal of Financial Economics*, Vol. 13, No. 4, 1976, pp. 305 - 360.

② Yermack D., "Higher Market Valuation of Companies with a Small Board of Directors", *Journal of Financial Economics*, Vol. 40, No. 2, 1996, pp. 185 - 211.

③ 南开大学公司治理评价课题组、李维安、程新生：《中国公司治理评价与指数报告——基于 2007 年 1162 家上市公司》，《管理世界》2008 年第 1 期，第 145—151 页。

的特质性对公司决策是影响甚微的，金融、经济以及会计等领域的理论与实证研究在很大程度上也假定从非经济异质性来分析管理者对公司决策影响上的差异性作用，这种解释力是有限的（Bamber et al.，2010）。① 在 Hambrick 和 Mason（1984）的研究中提出了高层梯队理论（Upper Echelons Theory），认为公司管理者是不能够有效替代的，管理层的年龄、工作年限以及教育背景等特征对于形成其心理认知有着重要影响，进而管理层的偏好差异导致了组织的不同产出（如战略选择、业绩表现等）。② Nicholson 和 Kiel（2004）以投入产出的基本模式来界定董事会的功能。③ 在这一过程中对组织价值的提升，人力资本在这一环节中起到了关键的作用，因此，本书从产出的角度来衡量董事会的有效性，认为董事会中人力资本的各个要素与董事会各种职能的有效协调构成了重要的投入因素。Zahra 和 Pearce（1989）就将独立董事的特征分为两个方面，一方面是"标签背景"，也就是其外部特征，包括行业经验、工作背景、教育背景和年龄等；另一方面是内部特征，包括个性、兴趣爱好、品质等，但内部特征不好衡量。④ 而且从创始人对企业成长的影响与监督作用来看，其自身所形成的自身素质、专业能力和资源能力等均起到了有效的支撑作用。所以本书基于 Hambrick 和 Mason（1984）⑤的高层梯队理论与 Nicholson 和 Kiel（2004）的投入产出模型，认为存在于民营企业治理核心机构董事会中创始人的异质性对于公司的

---

① Bamber L. S., John J., Wang I. Y., "What's My Style?: The Influence of Top Managers on Voluntary Corporate Financial Disclosure", *The Accounting Review*, Vol. 85, No. 4, 2010, pp. 1131 – 1162.

② Hambrick D. C., Mason P., "Upper Echelons: The Organization as a Reflection of Its Top Managers", *Academy of Management Review*, Vol. 9, No. 2, 1984, pp. 193 – 206.

③ Nicholson G., Kiel G. C., "A Framework for Diagnosing Board Effectiveness", *Corporate Governance: An International Review*, Vol. 12, No. 4, 2004, pp. 442 – 460.

④ Zahra S. A., Pearce L. L., "Boards of Directors and Corporate Financial Performance: A Review and Integrative Model", *Journal of Management*, Vol. 15, No. 2, 1989, pp. 291 – 334.

⑤ Hambrick D. C., Mason P., "Upper Echelons: The Organization as a Reflection of Its Top Managers", *Academy of Management Review*, Vol. 9, No. 2, 1984, pp. 193 – 206.

决策有不可忽视的作用，本书考察创始人董事的价值效应及其动态性，以及他们的自身特征（如年龄、专业、教育、政治等）对公司价值的影响，从而体现创始人对董事会治理有效性的价值贡献。

一 创始人董事的价值效应分析

在企业生命进程中，创始人参与了企业的产生与发展，与企业有着扯不断的联系，更多的董事会成员角色处于企业决策的中心。Baron 等（1999）指出创始人对组织蓝图的规划一旦制定和付诸实施，就可能"锁定"在其特有的结构中，成为指导之后决策的前提条件，这也进一步凸显出了创始人在企业中的重要地位。[①] 最早对于企业创始人的研究，更多的是从组织理论和企业家理论角度以定性研究方法分析创始人的界定与创始人的相关活动，并进一步研究创始人的一系列自身特征、行为方式等对企业的影响，他们是有别于普通的管理者的，这些也有着特殊的研究意义。且在以往研究中比较多地关注到了创始人管理者与普通管理者的区别，在研究中指出当创始人参与到公司管理中时，对公司中其他决策参与者来说，创始人特殊的知识、经验和组织地位使他们成为重要的影响焦点（Pfeffer & Salancik，1978）。[②] 所以，相对于公司高层管理团队的其他成员，这种影响更可能导致创始人在公司组织战略、结构和行为设计中发挥特殊作用（Gimeno et al.，1997[③]；Kunze，1990[④]；Vesper，1996[⑤]）。在企业组织中，创始人一直对企业持有绝对的控股权和管理权，具体的表现就是，他们更多地选择在领导结构上董事长与总经理兼任，自然也是董事会中核心的董事角色，即使放开部

---

① Baron J. N.，Hannan M. T.，Burton M. D.，"Building the Iron Cage: Determinants of Managerial Intensity in the Early Years of Organizations"，*American Sociological Review*，Vol. 64，No. 4，1999，pp. 527 – 547.

② Pfeffer J.，Salancik G. R.，*The External Control of Organizations: A Resource – dependence Perspective*，New York: Harper & Row，1978.

③ Gimeno J.，Folta T. B.，Cooper A. C.，Woo C. Y.，"Survival of the Fittest: Entrepreneurial Human Capital and the Persistence of Underperforming Firms"，*Administrative Science Quarterly*，Vol. 42，No. 4，1997，pp. 750 – 783.

④ Kunze R. J.，*Nothing Ventured*，New York: Harper，1990.

⑤ Vesper K. H.，*New Venture Experience*，Seattle，WA: Vector Books，1996.

分管理权限退出高管层面，也还会以单纯的董事角色介入董事会工作。这一创始人董事相比创始人更能进一步地体现创始人在组织结构中的地位，更进一步地体现出创始人对企业影响的根源。董事会是企业的决策核心机构，那么创始人董事的存在对董事会乃至公司整体发展的影响会体现得更加直接，况且创始人董事拥有创始人这一特殊属性，也会体现出对企业发展的正向影响。

创始人持续地出现在管理层面可能决定了企业的价值增长，甚至决定了企业的成功与否。从企业规模成长方面，很多的创业企业家并不愿意很快地将他们的掌控权交到那些比他们更有管理经验的职业经理人手上，这是有据可查的（例如，Flamholtz，1986[1]；Adizes，1989[2]）。但是民营企业在不断地成长，创业的挑战和激情已不再重要，与企业规模成长和管理复杂性程度相符的管理能力是企业发展所必需的（Tushman & Romanelli，1985）。[3] 丰富的管理经验需要应付创业和管理的各项挑战，很少有人能同时具备这些管理能力去应对企业规模的成长和市场环境的变化（Stevenson & Jarillo，1990）。[4] 从企业的生命周期上看，公司年龄可能是另外一个重要的调节变量。在初创期企业面临的问题会比较复杂，组织刚刚建立，环境也比较复杂，此时对于企业的管理者就要求能够应对更多的各种突发性的和非程序性的管理问题。随组织年龄的增长，程序、制度、标准操作程序都会被建立或自发地慢慢形成（Blau & Scott，1962）。[5] 组织结构的完善将使得高层管理者经营决策，甚至是战略决策变得越来越少，因为随着组织结构的健全将用制度化的决策流

---

① Flamholtz E. G. , *Managing the Transition from an Entrepreneurship to A Professionally Managed Firm*, San Francisco, C A Jossey – Bass, 1986.

② Adizes I. , *Corporate Life Cycles：How and Why Corporations Grow and Die，and What to Do about It*, Prentice – Hall：Englewood Cliffs, NJ, 1989.

③ Tushman M. L. , Romanelli E. , Organizational Evolution：A Metamorphosis Model of Convergence and Reorientation, In Cummings L. L. , Staw BM（eds.）, Research in Organizational Behavior, Greenwich, JAI Press：1985, pp. 171 – 222.

④ Stevenson H. H. , Jarillo J. C. , " A Paradigm of Entrepreneurship：Entrepreneurial Management", *Strategic Management Journal*, No. 11, 1990, pp. 17 – 27.

⑤ Blau P. , Scott R. , "Formal Organizations", San Francisco, C A：Chandler, 1962.

程取代原有的管理者自由裁度的权利（Mintzberg，1979）。① 从另一侧面分析，创始人企业的成长同时也伴随着创始人年龄的增长，所以创始人的任期限制是一种不可抗拒的自然规律，同时也是影响创始人管理价值效应的一大因素。所以我们看到随着所创立企业生命周期的延续，随着企业从萌芽、初创、成长到成熟，创始人的影响可能会降低。因此，从规模和企业年龄角度考察创始人的影响有着更深刻的意义，也会更加动态性地了解创始人对于企业的影响。

据此，本书提出假设 H2－1、H2－1a 和 H2－1b，并拟加以验证。

H2－1：民营上市公司董事会中存在创始人董事能够显著提升公司价值。

H2－1a：随着民营上市公司规模的扩大，创始人董事对公司的影响会减弱。

H2－1b：随着民营上市公司生命周期的延续，创始人董事对公司的影响会减弱。

二 创始人董事年龄特征的价值效应

在 Hambrick 和 Mason（1984）研究中认为，与年龄大的经理层人员相比年轻的经理层人员更愿意承担风险，随着年龄的增长这些人员对于风险的态度会发生变化，年长的管理者倾向于规避风险。② Bertrand 和 Schoar（2003）在企业行为和企业业绩表现的研究中较早地引入了管理者特征，其研究发现在企业决策行为（包括组织战略、融资策略、投资策略）和业绩的决定中职业经理人的固定效应起到了重要的决定性作用，而且发现企业绩效随管理者平均年龄的增加会表现出更好的稳定性。③ Bamber 等（2010）也同样指出企业

① Mintzberg H.，"The Structuring of Organizations"，*Englewood Cliffs*，NJ：Prentice－Hall，1979.

② Hambrick D. C.，Mason P.，"Upper Echelons：The Organization as a Reflection of Its Top Managers"，*Academy of Management Review*，Vol. 9，No. 2，1984，pp. 193－206.

③ Bertrand M.，Schoar A.，"Managing with Style：The Effect of Managers on Firm Policies"，*The Quarterly Journal of Economics*，Vol. 118，No. 4，2003，pp. 1169－1208.

中年龄较大的经理层人员更具有稳健精神。[①] 何威风和刘启亮（2010）在我国制度背景下研究，得出上市公司财务重述行为的概率随着其经理层平均年龄的增加而降低，从而表现出更好的风险稳定性作用，当然这也表明当经理人年龄增大时，对于风险的个人偏好程度在降低，采取更多的风险规避策略。[②] 积极参与企业管理的创始人，伴随企业的成长与坎坷，积累了特有的专业知识与经验，随着企业生命的延续，也随着创始人年龄的增长，此类积累会越来越多，这些经验与知识有助于提升他们决策的科学性和成功率。但是，伴随着企业的发展，创始人也在生命周期中从青年到老年，这一周期是任何人都无法违抗的。随着创始人年龄的增长，对于环境的掌控能力，对于问题的反应能力，对于工作的疯狂程度会随着年龄的增长而无法选择地降低，在生命自然法则的影响下，创始人也不得不承认自己在慢慢地老去，所以对于企业的监控与管理会出现力不从心的表现。朱治龙和王丽（2004）以湖南省上市公司为样本，考察了经营者个性特征与公司绩效之间的关系，结果显示，在这些上市公司中经营者年龄与公司经营业绩为显著负相关的关系。[③] 综合以上得出两个方面结论，一个是随创始人年龄的增长，经验的积累对公司的发展是有利的；另一个是随创始人年龄的增长，身体和思维的老化难免影响到公司的发展。

据此，本书提出假设 H2 - 2，并拟加以验证。

H2 - 2：民营上市公司董事会中存在的创始人董事随年龄增长对公司的影响为非简单的线性表现。

---

① Bamber L. S. , John J. , Wang I. Y. , "What's My Style?: The Influence of Top Managers on Voluntary Corporate Financial Disclosure", *The Accounting Review*, Vol. 85, No. 4, 2010, pp. 1131 - 1162.

② 何威风、刘启亮：《我国上市公司高管背景特征与财务重述行为研究》，《管理世界》2010 年第 7 期，第 144—155 页。

③ 朱治龙、王丽：《上市公司经营者个性特征与公司绩效的相关性实证研究》，《财经理论与实践》2004 年第 3 期，第 46—50 页。

三 创始人董事教育背景的价值效应

Romer（1986）① 和 Lucas（1988）② 的研究均认为，在企业生产函数中人力资本是一个重要的解释变量，并且在其中有利于企业产出的提升。教育的作用在现有的微观经济理论中得到了支持，主要观点是人力资本积累可以靠教育来实现（Schultz，1982）。③ 在Becker（1964）的研究中就认为，收集价格和收入的信息、医疗保健、迁移、在职培训以及正规学校教育等都是有效的人力资本投资形式。④ 一般拥有良好的教育背景、丰富的理论与实务经验的董事会被认为会有更好的表现，这些董事能够从更专业的角度提出一些有创见性的想法和观点来解决企业面临的问题，从而提高它们的经营业绩（Hambrick et al.，1987）。⑤ 从以上文献中我们可以总结出在提高人力资本水平的方式中教育是必不可少的，在教育过程中所取得的学历证明了其所受教育程度，那么这一水平的高低自然是能从中判断管理者人力资本存量的高低。通过统计抽样分析，较高的智力和劳动能力同样对应着较高的教育水平。从这一基本逻辑，我们很容易就联系到创始人董事如果拥有更高的学历背景，那么就会对应着所在的民营企业拥有较高的劳动生产率和企业绩效。

据此，本书提出假设 H2 - 3，并拟加以验证。

H2 - 3：民营上市公司董事会中存在的创始人董事的教育背景越好对应更高的公司价值。

四 创始人董事专业水平的价值效应

从创始人作为董事的专业水平角度，创始人董事作为企业中特

---

① Romer P. M.，"Increasing Returns and Long - run Growth"，*Journal of Political Economy*，Vol. 94，No. 5，1986，pp. 1002 - 1037.

② Lucas R. E.，"On the Mechanics of Economic Development"，*Journal of Monetary Economics*，Vol. 22，No. 1，1988，pp. 3 - 42.

③ Schultz T. W.，"Investment in Entrepreneurial Ability"，*Scandinavian Journal*，Vol. 82，No. 4，1982，pp. 437 - 485.

④ Becker G. S.，*Human Capital*，New York：Columbia University Press，1964.

⑤ Hambrick D. C，Finkelstein S.，"Managerial Discretion：A Bridge between Polar Views of Organizations"，*Research in Organizational Behavior*，Vol. 9，No. 2，1987，pp. 369 - 406.

殊角色的管理者，伴随着企业的创办与发展，在公司以及行业中得到了宝贵的知识和实践经验，这些都有利于提升公司价值（Penrose，1959）①，他们所积累的专有经验能有效降低董事会和经理层之间的信息不对称问题，从而能够有效地提升监督水平（Jensen，1993）。② 随着创始人任期的延续，这也是一个信息积累、关系建立和问题解决模式形成的一个重要过程（Katz，1982）。③ Duchesneau和 Gartner（1990）认为，创业企业家往往在自己熟悉的行业内选择创业项目，相对于非创始人企业这些行业经验会带给创始人企业更大的经营业绩优势。④ 所以创始人在自己专业领域的专业水平是创始人经验的有效体现，同时创始人积极参与企业管理，伴随企业的成长与坎坷，积累了特有的专业知识与经验，随着企业生命的延续，也随着创始人年龄的增长，此类积累会越来越多，这些经验与知识有助于提升他们的决策的科学性。所以我们以创始人的专业职称级别来检验创始人专业水平的差异与最终的企业价值之间的关系。

据此，本书提出假设 H2 - 4，并拟加以验证。

H2 - 4：民营上市公司董事会中存在的创始人董事的专业水平越好对应更高的公司价值。

五　创始人董事政治关联的价值效应

在资源依赖理论的视角下，董事会能够与公司的外部环境相互作用，得到有价值的信息和资源并从这里输送给经理层人员，因此它被界定为对企业发展最具有价值的边界管理者（Boundary

① Penrose E. T. , "The Theory of Growth of the Firm", London: Basil Blackwell, 1959.

② Jensen M. C. , "The Modern Industrial Revolution, Exit, and the Failure of Internal Control Systems", *Journal of Finance*, Vol. 48, No. 3, 1993, pp. 831 - 880.

③ Katz R. , "The Effects of Group Longevity on Project Communication and Performance", *Administrative Science Quarterly*, Vol. 27, No. 1, 1982, pp. 81 - 104.

④ Duchesneau D. A. , Gartner W. B. , "A Profile of New Venture Success and Failure in An Emerging Industry", *Journal of Business Venturing*, Vol. 5, No. 5, 1990, pp. 297 - 312.

Spanners)（Pfeffer & Salancik，1978）。① 从这一角度，Sydney Finkel-
stein（1992）指出在管理中的权威源自于个人所形成的社会地位与
知名度。② 利用全国工商联调查的数据，白重恩等（2005）研究指
出，民营企业获得银行贷款与企业是否存在政治关联之间显著相
关，存在政治关联的企业更容易获得银行贷款。③ 对于产权保护政
治关联能够起到有效的替代作用，政治关联是屏蔽各方侵害的有效
屏障（罗党论和唐清泉，2009④；杨其静，2010⑤）。而且相对于年
龄、教育和专业水平的固定性，政治关联及由其带来的影响则是变
化和有弹性的，在职位相当的条件下，形成管理者之间权威差异的
主要原因就是各自的资源不同。因此，既然政治关联有如此多的正
向作用，所以在现实中为了取得一定的政治地位，更多的民营企业
家选择了在合适的机会能够主动地创建政治关联（陈钊等，
2008）。⑥ 即使没有能够得到参政机会的民营企业家，在其内心也存
在"与党政领导人经常联系"和"争当人大代表、政协委员"的心
理预期（冯天丽和井润田，2009）。⑦ 在 Peng 和 Luo（2000）的研
究中认为，企业能够在众多未知因素中发展得顺利，会有更好的财
务业绩表现，这在一定程度上是因为良好的关系网络存在于企业家
和官员之间。⑧ 在钱锡红等（2009）的研究中指出，在企业与政府

---

① Pfeffer J.，Salancik G. R.，*The External Control of Organizations：A Resource - depend-
ence Perspective*，New York：Harper & Row，1978.

② Finkelstein S.，"Power in Top Management Teams：Dimension，Measurement，and
Validation"，*Academy of Management Journal*，Vol. 35，No. 3，1992，pp. 505 – 538.

③ 白重恩、刘俏、陆洲、宋敏、张俊喜：《中国上市公司治理结构的实证研究》，
《经济研究》2005 年第 2 期，第 81—91 页。

④ 罗党论、唐清泉：《政治关系、社会资本与政策资源获取：来自中国民营上市公
司的经验证据》，《世界经济》2009 年第 7 期，第 84—96 页。

⑤ 杨其静：《政治关联与企业成长》，《教学与研究》2010 年第 6 期，第 38—43 页。

⑥ 陈钊、陆铭、何俊志：《权势与企业家参政议政》，《世界经济》2008 年第 6 期，
第 39—49 页。

⑦ 冯天丽、井润田：《制度环境与私营企业家政治联系意愿的实证研究》，《管理世
界》2009 年第 8 期，第 81—91 页。

⑧ Peng M. W.，Luo P.，"Managerial Ties and Firm Performance in a Transition Econo-
my：The Nature of a Micro - macro Lin"，*The Academy of Management Journal*，Vol. 43，No. 1，
2000，pp. 486 – 501.

之间存在的企业家外部横向关系网络能够对企业发展起到推进作用，是一个不可忽视的因素。[①] 对于创始人，徐细雄和刘星（2012）指出，创始人将企业视为自身成就与能力的体现，更乐于将自身的各种关系与资本付诸企业的成长，特别是对于中国，由于市场规则和制度约束尚不健全，更加凸显家族权威与创始人光环能够为企业建立政治关系、获得银行贷款、拓展客户关系等带来诸多现实好处。[②] 因此，我们选取了具有一定制度背景特色的创始人政治关联来检验其对企业的影响。

据此，本书提出假设 H2 - 5，并拟加以验证。

H2 - 5：民营上市公司董事会中存在的创始人董事的政治关联能显著提升公司价值。

第三节　创始人董事与董事会治理有效性

基于委托—代理理论，董事会的监督职能主要体现为解决经理人和股东之间的利益冲突，使他们的利益趋于一致（Walsh & Seward，1990）。[③] 将重要的经理层人员的注意力集中在公司业绩上，进行顺畅的战略决策的制定和控制，准确地陈述股东的目标以及利用既定的公司目标和程序来降低代理成本，这些都是董事会对于组织业绩贡献的具体表现（Mizruchi，1983）。[④] 所以，以代理理论为基本依据，对经理层绩效和行为进行监督（谢永珍，2006）、[⑤] 对总

---

① 钱锡红、徐万里、李孔岳：《企业家三维关系网络与企业成长研究——基于珠三角私营企业的实证》，《中国工业经济》2009 年第 1 期，第 87—97 页。

② 徐细雄、刘星：《创始人权威、控制权配置与家族企业治理转型》，《中国工业经济》2012 年第 2 期，第 139—148 页。

③ Walsh J. P. , Seward J. K. , "On the Efficiency of Internal and External Corporate Control Mechanisms", *Academy of Management Review*, Vol . 15, No. 3, 1990, pp. 421 –458.

④ Mizruchi M. S. , "Who Controls Whom? An Examination of the Relation between Management and Board of Directors in Large American Corporation", *Academy of Management Review*, Vol. 8, No. 3, 1983, pp. 426 –435.

⑤ 谢永珍：《董事会治理评价研究》，高等教育出版社 2006 年版。

经理人选的解聘和任命、监督和激励总经理以及对公司内重大事项的决策（刘胜军，2002）① 都是董事会有效性的直接体现。具体而言，董事会的重要职能就是依据 CEO 及整个公司的经营业绩来对内部代理人的经营决策进行监督，挑选、聘任、解聘及奖惩高层管理人员，决定其报酬事项和奖惩事项。所以董事会治理有效性的体现，也就是董事会职能的发挥。综合以上研究结果本书在以下几个方面对创始人对董事会治理有效性的贡献进行进一步的分析和检验。

一　创始人董事与代理成本

在公司治理研究中认为代理问题源于所有权与经营权的分离，在应对这一问题的情况下就必须进行建设与逐步完善董事会治理这一重要的公司治理组成部分。从 Jensen 和 Meckling（1976）开始进行研究代理成本，学术界已经广泛关注代理成本这一问题。② 在诸多的理论与实证研究中证实，所有权与经营权的分离造成股东与管理者之间产生代理成本，这一成本对企业的企业价值、投资决策和融资决策都带来显著的影响（Fama & Jensen，1983）。③ 薛祖云、黄彤（2004）在研究中指出公司会计信息质量与持有股份的董事比例之间存在显著正相关关系，这也说明更高比例的持有股份的董事能够提升董事们的监督有效性。④ 宋力、韩亮亮（2005）⑤ 及王克敏、陈井勇（2004）⑥ 的研究结果类似，说明股权集中有利于减轻管理

---

① 刘胜军：《会计操纵问题研究》，《证券市场导报》2002 年第 5 期，第 46—50 页。

② Jensen M. C., Meckling W. H., "Theory of the Firm: Managerial Behavior, Agency Costs and Ownership Structure", *Journal of Financial Economics*, Vol. 13, No. 4, 1976, pp. 305 –360.

③ Fama E. F., Jensen M. C., "Separation of Ownership and Control", *Journal of Law and Economics*, Vol. 26, No. 2, 1983, pp. 301 –325.

④ 薛祖云、黄彤：《董事会、监事会制度特征与会计信息质量——来自中国资本市场的经验分析》，《财经理论与实践》2004 年第 4 期，第 84—89 页。

⑤ 宋力、韩亮亮：《大股东持股比例对代理成本影响的实证分析》，《南开管理评论》2005 年第 1 期，第 30—34 页。

⑥ 王克敏、陈井勇：《股权结构、投资者保护与公司绩效》，《管理世界》2004 年第 7 期，第 127—133 页。

者与股东间的代理问题，原因是集中的股权可以保证大股东对经理人的监督负责。Redding（1993）指出对于华人企业，企业家关系网络与企业的交易活动、创办和生存关系十分密切，随着企业家关系网络的逐渐扩张企业也能够完成扩大与发展，这主要是由于在交易活动中企业家关系起到了重要协调作用，这种关系可以直接抵消由于互不信任产生的成本，所以对交易成本能起到有效的降低作用。① 王明琳和周生春（2006）进一步将家族企业区分为创业型家族企业和非创业型家族企业，研究结果表明创业型家族企业主要面临着业主和经理人之间的代理问题，而非创业型家族企业主要面临着控股股东和其他利益相关者之间的代理问题。② 陈建林（2011，2012）将管理费用率定义为代理成本的替代变量，研究结果表明，家族企业的代理成本相对较低，而创业者降低代理成本的效应更显著。③④ 当创始人在企业董事会中担任董事时，会存在大量的金钱利益和非金钱利益的关系并激励着创业者为公司整体提供更好监督。创始人董事与公司共同成长的丰富经验，有效解决了董事会和经理层之间的信息不对称问题，可以起到更为有效的监督作用（Jensen，1993）。⑤ 因此，我们估计创始人董事所在的公司比非创始人董事公司，可能存在更少的代理问题和更好治理效应。

据此，本书提出假设 H3 - 1，并拟加以验证。

H3 - 1：民营上市公司中创始人董事存在于董事会中有助于提升对经理层的监督和控制，降低代理成本。

二　创始人董事与高管薪酬业绩敏感性

比较多的研究文献研究了薪酬业绩敏感性的决定性因素（Mur-

---

① Redding S. G. , *The Spirit of Chinese Capitalism*, Walter de Gruyter, 1993.

② 王明琳、周生春：《控制性家族类型、双重三层委托代理问题与企业价值》，《管理世界》2006 年第 8 期，第 83—93 页。

③ 陈建林：《利他主义、代理成本与家族企业成长》，《管理评论》2011 年第 9 期，第 50—57 页。

④ 陈建林：《上市家族企业管理模式对代理成本的影响——代理理论和利他主义理论的争论和整合》，《管理评论》2012 年第 5 期，第 53—59 页。

⑤ Jensen M. C. , "The Modern Industrial Revolution, Exit, and the Failure of Internal Control Systems", *Journal of Finance*, Vol. 48, No. 3, 1993, pp. 831 - 880.

phy, 1999)。① 依据委托—代理理论，股东可以通过薪酬与公司绩效关联的方法激励经理人员有更加积极的表现。Hall 和 Leibman（1998）发现，在管理者持股增加的情况下，高管薪酬的敏感性增加了。② Shleifer 和 Vishny（1997）审查了企业内部的激励政策，令人惊奇的是，研究表明高激励政策并未在多数公司中得到采用，他们也提出既然考虑到经理人员的行为对企业价值影响是巨大的，为什么在美国甚至世界其他的国家并没有应用较高的薪酬激励政策，高的薪酬激励政策是有效的，尽管股东看不到经理层具体的行为改变。③ 而且 Jensen 和 Murphy（1990）也发现，现有的薪酬激励提升的幅度较低，并不能对经理人员起到足够的激励。④ Rosen（1992）通过实证检验也得出了类似的结论。⑤ Anderson 和 Reeb（2003）在研究中描述性统计发现，与非家族企业的 CEO 薪酬相比，家族企业中的 CEO 薪酬总额要低 10% 左右。⑥ 我国民营上市公司中创始人以董事的角色存在于董事会中，对于高层经理人的薪酬业绩敏感性的影响如何有待我们去验证。正如上文所述，创始人董事存在于董事会中，当公司业绩变动时创始人会得到更直接的信息反馈，而且创始人董事与高管层关系紧密，对他们的行为观察会更加直接，所以我们认为创始人董事的存在会加强高管薪酬业绩的敏感性。

据此，本书提出假设 H3 - 2，并拟加以验证。

H3 - 2：民营上市公司创始人董事存在于董事会中有助于加强

---

① Murphy K. J. , "Executive Compensation", *in Handbook of Labor Economics*, Elsevier Science（edition 1）, 1999, pp. 2485 - 2563.

② Hall B. J. , Leibman J. B. , "Are CEOs Really Paid Like Bureaucrats?", *Quarterly Journal of Economics*, Vol. 113, No. 3, 1998, pp. 653 - 691.

③ Shleifer A. , Vishny R. W. , "A Survey of Corporate Governance", *Journal of Finance*, Vol. 52, No. 2, 1997, pp. 737 - 783.

④ Jensen M. C. , Murphy K. J. , "Performance Pay and Top - management Incentives", *Journal of Political Economy*, Vol. 98, No. 2, 1990, pp. 225 - 264.

⑤ Rosen S. , "Contracts and the Market for Executives", in Lars Werin and Hans Wijkander, eds. , *Contract Economics*, Cambridge, MA and Oxford: Blackwell, 1992, pp. 181 - 211.

⑥ Anderson R. , Reeb D. M. , "Founding Family Ownership and Firm Performance: Evidence from the S&P 500", *Journal of Finance*, Vol. 58, No. 3, 2003, pp. 1301 - 1329.

高管薪酬业绩的敏感性。

三 创始人董事与 CEO 更替业绩敏感性

在公司经营业绩不好或因违规被处罚时，经理层人员能否得到及时有效的更换是公司治理结构是否有效率的一项重要表现，在中国特殊的经济发展环境下，研究创始人董事对高管变更行为的影响，这一问题具有更加重要的研究意义。以前的大量研究提供了一致的证据表明，CEO 的离职是与企业绩效负相关的。如已有研究认为 CEO 的更替与行业调整后的股票收益率负相关（Fee & Hadlock，2003）[①]，与行业调整后的管理盈余负相关（Weisbach，1988）。[②] 其中也有不少的文献研究董事会特征与 CEO 更替之间的关系，这些研究发现当董事会内独立董事较多，且当企业面临更加激烈的产品市场竞争时（Defond & Park，1999）[③]，CEO 更替对业绩的敏感性就越高；当更多的繁忙董事存在于董事会中（Fich & Shivdasani，2006）[④] 或当企业董事会规模越大时，CEO 更替对业绩的敏感性就越低。在 Chen 等（2006）的研究中检验了家族企业是否有不同的 CEO 更替行为，研究发现与非家族企业相比，在家族企业中 CEO 更替对业绩的敏感性会更大。[⑤] 创始人董事拥有更大的能力和意愿来监督高级管理，因此，我们预计在糟糕的业绩表现下，创始人董事公司会有更加及时的 CEO 更换。

据此，本书提出假设 H3-3，并拟加以验证。

H3-3：民营上市公司中创始人董事存在于董事会中将加强

---

① Fee C. E., Hadlock C. J., "Raids, Rewards, and Reputations in the Market for Managerial Talent", *Review of Financial Studies*, Vol. 16, No. 4, 2003, pp. 1315 – 1357.

② Weisbach M., "Outside Directors and CEO Turnover", *Journal of Financial Economics*, Vol. 20, No. 1, 1988, pp. 431 – 460.

③ Defond M. L. and Park C. W., "The Effect of Competition on CEO Turnover", *Journal of Accounting and Economics*, Vol. 27, No. 1, 1999, pp. 33 – 56.

④ Fich E. M., Shivadasani A., "Are Busy Boards Effective Monitors?", *Journal of Finance*, Vol. 61, No. 2, 2006, pp. 689 – 724.

⑤ Chen G., Firth M., Gao D. N., Rui O. M., "Ownership Structure, Corporate Governance, and Fraud: Evidence From China", *Journal of Corporate Finance*, Vol. 12, No. 3, 2006, pp. 424 – 448.

CEO 更替对于业绩的敏感性。

四 创始人董事与董事会行为

董事会能否解决公司代理问题主要取决于董事会的运作效率，董事会的具体行为就是效率的直接体现，它将直接决定着董事会职能的发挥。董事会行为，最简单的概括就是董事会的具体行动和行使其职责的过程，在以往研究中这一关键内容往往被忽视。在研究董事会治理的相关理论这一进程中，董事会行为与董事会绩效（职能）之间的关系一直是有待解释的"黑箱"，所以至今理论界对董事会行为的研究并不多。除了检验董事会的监督和顾问职能等所带来的治理效应，我们也应该进一步地认知董事会在履行其职能过程中工作的效率或努力程度：董事出席董事会会议和董事会会议情况（Cai，Garner & Walkling，2009）。[①]

Conger 等（1998）认为，董事会会议是一项重要的提高董事会效率的措施，这种效率的体现也正是董事会有效性的基础。[②] 董事会有效性的重要体现是通过分析公司治理机制对企业绩效或企业价值的影响（Berry et al.，2006）[③] 来实现的，因此考察董事会会议与企业绩效之间的关系，是检验董事会价值效应与有效性的重要途径。董事会会议频率及会议持续时间对董事会功能的发挥有重要影响。如果一个董事会每年所开的会议次数较少，很难相信它是一个对工作认真负责的董事会。在董事之间缺乏交流的情况下，一个只花费很少时间就完成的董事会会议也很难做出令人信服的公司决策。在现代公司治理机制下，在公司治理结构中董事会处于核心位置，反映董事会活跃程度和行为特征的一个重要变量就是年度内董事会会议的次数，公司治理的有效性在很大程度上就取决于董事会

---

① Cai J.，Garner J. L.，Walking R. A.，"Electing Directors"，*Journal of Finance*，Vol. 64，No. 5，2009，pp. 2389 – 2421.

② Conger J. A.，Finegold D.，Lawler E. E.，"Appraising Boardroom Performance"，*Harvard Business Review*，Vol. 76，No. 1，1998，pp. 136 – 148.

③ Berry T. K.，Fields L. P.，and Wilkins M. S.，"The Interaction among Multiple Governance Mechanisms in Young Newly Public Firms"，*Journal of Corporate Finance*，Vol. 12，No. 3，2006，pp. 449 – 466.

会议的监督作用。在 Lipton 和 Lorsch（1992）的研究中指出，董事面临的一个最普遍的问题是缺乏时间去履行其职责，足够的工作时间是董事履行监管职能的基本条件之一，经常会面的董事能更好地履行其职责，保护好股东的利益。[①] 董事会会议越频繁，董事们也就越趋于保持与股东利益相一致的具体行为。所以，董事会会议是有利于董事履行其职责的，对公司的绩效有较好的促进作用，从而使股东利益得到更好的保护（牛建波、李胜楠，2007）。[②] 有的观点认为，董事会会议次数越多，说明董事就能拥有充足的时间来执行监督职能，这在一定程度上代表了董事会行为的积极程度，同时也认为较高的董事会会议频率意味着其向市场传递的报告质量也就越高，这些有效且高质量的信息为融资创造了更好的融资基础，从而对责任融资成本有抑制作用（向凯，2009）。[③]

在董事会会议召开时，各位董事应该本人出席，如因故不能出席的，可以用书面的方式委托其他董事代为出席，在委托书中应载明授权范围。董事委托他人代为出席董事会会议，必须符合两个条件：一是应当委托本公司的其他董事代为出席；二是应当有委托书，并在委托书中载明授权范围。我们用董事出席率作为衡量董事努力情况的指标，并提出以下问题：创始人董事公司与非创始人董事公司的董事在董事会的监督职能上会存在什么区别呢？对于董事会会议频率，马连福和石晓飞（2014）的研究从董事会会议形式上将董事会会议分为现场会议与通信会议，并且检验了不同董事会会议的形式对其后公司业绩的影响，研究结果显示现场会议频率增多之后的公司业绩能得到显著改善，而应用通信会议比例过高的情况将导致其后的公司绩效的降低，所以我们从次数和形式上双重考察

---

① Lipton M., Lorsch J., "A Modest Proposal for Improved Corporate Governance", *Business Lawyer*, No. 48, 1992, pp. 59 – 77.

② 牛建波、李胜楠：《控股股东两权偏离、董事会行为与企业价值：基于中国民营上市公司面板数据的比较研究》，《南开管理评论》2007 年第 2 期，第 31—37 页。

③ 向凯：《盈余质量与公司现金持有——来自我国证券市场的经验证据》，《中央财经大学学报》2009 年第 7 期，第 79—85 页。

董事会会议的情况。

据此，本书提出假设 H3 - 4，并拟加以验证。

H3 - 4：民营上市公司中创始人董事存在于董事会中将会有更好的董事会行为表现。

第五章　创始人、公司治理与公司价值关系检验

从本章起至第八章为本书的实证检验及分析部分，主要研究了创始人的管理角色对公司治理及公司价值的影响。在企业生命进程中，创始人参与了企业的产生与发展，与企业有着扯不断的联系，一直都处于企业管理和决策的核心。Begley（1995）、Certo等（2001）、He（2008）、Nelson（2003）等的研究均得出创始人担任公司管理角色时对企业的公司治理和整体发展具有正面的促进作用。相对于国有企业来说，大多数民营企业都是由个人或家族创立并控制的，企业的创立者也就是企业的经营者与所有者，本书所指创始人就是这些创立者。民营企业上市后股权进一步分散，创始人却仍然保持着对公司经营权的控制，这也是市场经济和现代企业制度中一种常见的现象。这种控制的一个突出表现是，创始人的个人意愿和行为往往反映了企业的经营方针和动向，在企业生存与成长中创始人个人以不同的角色参与到企业管理中，企业的实际控制人、董事长、CEO或董事等角色中均不同程度地存在创始人的身影，创始人的存在会对企业的整体市场价值与公司治理水平带来什么样的影响？

因此，本章以2004—2011年的我国883家民营上市公司为研究对象，检验了创始人对公司治理水平与公司价值的影响，厘清了三者之间的关系，并进一步将创始人以不同角色参与企业管理的情况进行了细分，检验创始人角色对公司价值与公司治理水平的影响差异性。

第一节　研究设计

一　研究样本与数据来源

本书以我国民营上市公司为研究对象，在样本的确定中，考虑到中国国情的限定，对民营上市公司进行筛选，根据 CSMAR 数据库、CCER 经济金融研究数据库中民营上市公司股票代码；依据万德数据库中的上市公司招股说明书中"发行人情况"明确指出为创始人或创立者的公司，认定为创始人企业，并通过百度、谷歌搜索辅助确认，在历任管理层名单中，确认创始人担任的管理层职务；删除了以下样本：（1）在数据库中2004—2011年财务数据不全的民营上市公司；（2）金融类民营上市公司；（3）ST上市公司等。最终获得了883家上市公司样本，3541个民营上市公司年度观测值，其中2004年254家，2005年317家，2006年328家，2007年360家，2008年459家，2009年495家，2010年562家，2011年766家（见表5－1）。

表5－1　　　　　　　　　　　本章样本的分布

年度	样本数（家）
2004	254
2005	317
2006	328
2007	360
2008	459
2009	495
2010	562
2011	766
合计	3541

二 模型设定与变量定义

（一）模型设定

模型（5-1）主要用以检验假设 H1-1。其中，创始人（Foun）采用 0、1 变量赋值，用以考察创始人存在于公司内对公司价值（Tobin's Q）的影响。

$$Tobin's\ Q = \alpha_0 + \alpha_1 \times Foun + \alpha_2 \times Control\_\ Variables + \alpha_3 \times$$
$$\sum ind + \alpha_4 \times \sum year + \mu_1 \tag{5-1}$$

模型（5-2）主要用以检验假设 H1-2，用以考察创始人（Foun）存在于公司内对公司治理水平 CG 的影响。

$$CG = \alpha_0 + \alpha_1 \times Foun + \alpha_2 \times Control\_\ Variables + \alpha_3 \times \sum ind +$$
$$\alpha_4 \times \sum year + \mu_1 \tag{5-2}$$

模型（5-3）、模型（5-4）主要用以检验假设 H1-3。Tobin's Q 代表公司价值指标；CG 代表公司治理水平指标，用以检验公司治理对公司价值的影响，以及创始人与公司治理同时对公司价值的影响。

$$Tobin's\ Q = \alpha_0 + \alpha_1 \times CG + \alpha_2 \times Control\_\ Variables + \alpha_3 \times \sum ind +$$
$$\alpha_4 \times \sum year + \mu_1 \tag{5-3}$$

$$Tobin's\ Q = \alpha_0 + \alpha_1 \times CG + \alpha_2 \times Foun + \alpha_3 \times Control\_\ Variables_{it} +$$
$$\alpha_4 \times \sum ind + \alpha_5 \times \sum year + \mu_1 \tag{5-4}$$

相关变量的含义见表 5-2。

（二）变量定义及说明

1. 创始人

创始人指创始人以各种角色存在于企业中，伴随着企业的创立与发展，只要在公司现有组织结构中存在创始人，我们即认定为创始人公司。在创始人确认过程中，出现同一企业拥有多名创始人的情况，本书以创始人中职务最高的一名创始人作为统计对象。以上各情况均以虚拟变量衡量，在民营上市公司中存在这样的情况即取值为 1，否则取值为 0。

表5－2 研究变量、符号及定义

变量	符号	含义
因变量	*Tobin's Q*	（股价×流通股股数＋每股净资产×非流通股数＋总负债）/总资产账面价值
	CG	将分别代表董事会治理水平、高管薪酬治理水平、股权结构治理水平的五项主要治理因素拟合公司治理指数
解释变量	*Foun*	创始人，创始人在公司中任职取值1，否则取值0
控制变量	*Bsize*	董事会规模
	Outratio	独立董事比例
	*Top*1	第一大股东持股比例
	Size	公司资产账面值的自然对数，即 Ln（资产账面值）
	Lev	资产负债率
	Growth	总资产增长率
	Age	企业创建年限

2. 公司价值

Tobin's Q 值常常被用来作为衡量公司业绩表现或公司成长性的重要指标，所以本书选用反映市场价值的 *Tobin's Q* 值作为衡量民营上市公司的公司价值指标。

3. 公司治理水平的测量

本书参考白重恩等（2005）[①] 用多个反映公司治理水平的变量进行主成分拟合构建公司治理水平指标的方法。本书主要关注创始人角色对于公司治理的影响，不涉及法律基础、产品市场等外部机制。因此，本书选取了反映董事会治理水平、公司股权结构治理水平、高管薪酬治理水平的独立董事比例（*Outratio*）、董事会规模（*Bsize*）、管理层持股比例（*M－ctr*）、第一大股东持股比例（*Top*1）与第二大到第十大股东持股比例（*Top*2－10）五项指标，最终采取主成分分析法（*PCA*）拟合成反映整体公司治理水平的公司治理指

---

① 白重恩、刘俏、陆洲、宋敏、张俊喜：《中国上市公司治理结构的实证研究》，《经济研究》2005年第2期，第81—91页。

数（CG）。

4. 控制变量的选取

为了更准确地分析创始人对公司价值和公司治理的影响，本书参考夏立军等（2012）[①]、马连福等（2012）[②]、Li 和 Srinivasan（2011）[③] 等以往文献，通过上市公司年报收集了以下变量的数据，并在检验模型中作为控制变量：（1）董事会规模（Bsize），公司决策效率和效果都不同程度地受到董事会规模的影响，它与公司价值之间也存在着显著的关系；（2）独立董事比例（Outratio），反映独立董事对公司价值的影响，独立董事比例越高，监督力越强，公司的治理水平就越好，同时这种优势也反映在市场价值上；（3）第一大股东持股比例（Top1），代表了股权集中度；（4）公司资产账面值的自然对数（LnA），即 Ln（资产账面值），一定程度上在行业中公司的规模代表着其所处的地位，公司的规模越大，公众和政府部门就越容易关注到，这样的情况下就增进了外部监督的程度；（5）资产负债率（Lev），代表了企业的运营能力；（6）总资产增长率（Growth），代表了企业的成长性；（7）民营上市公司企业创建年限（Age），本书特别选取了民营上市公司创建时间这一变量加以控制，因为民营上市公司发展背景不一，此变量更能体现民营企业的发展情况。模型中还控制了行业与时间。

三 变量的描述性统计

在 883 家民营上市公司中存在创始人的有 323 家，所占比例为 36.58%，可见民营上市公司中相当一部分的公司有创始人存在的情况。2004—2011 年期间的 3541 家样本中，有创始人存在的公司共 1304 家，占总样本数的 36.83%；存在创始人控制人的共有 1185

---

① 夏立军、郭建展、陆铭：《企业家"政由己出"——民营 IPO 公司创始人管理、市场环境与公司业绩》，《管理世界》2012 年第 9 期，第 132—141 页。

② 马连福、王元芳、沈小秀：《我国国有企业党组织治理效应研究——基于"内部人控制"的视角》，《中国工业经济》2012 年第 8 期，第 82—95 页。

③ Li F., Srinivasan S., "Corporate Governance When Founders are Directors", *Journal of Financial Economics*, Vol. 102, No. 2, 2011, pp. 454–469.

家，占总数的33.47%；存在创始人董事长的共有1034个，占总数的29.20%；存在创始人CEO的共有399家，占总数的11.27%；存在创始人董事的共有1178家，占总数的33.27%（见表5-3）。

表5-3　　　　　　　　样本公司构成分析

创始人角色	创始人公司		非创始人公司	
	数量（家）	占比（%）	数量（家）	占比（%）
Foun	1304	36.83	2237	63.17
Foun_ con	1185	33.47	2356	66.53
Foun_ chai	1034	29.20	2507	70.80
Foun_ ceo	399	11.27	3142	88.73
Foun_ dir	1178	33.27	2363	66.73

主要变量的描述性统计见表5-4。

表5-4　　　　　创始人公司与非创始人公司主要变量的对比

变量	（a）所有公司		（b）创始人公司		（c）非创始人公司		*Mean* 差异	*T - stat*
	平均值	标准差	平均值	标准差	平均值	标准差	（b-c）	
Tobin's Q	1.961	1.961	1.922	1.137	1.984	1.402	-0.062	1.362 *
CG	-0.001	0.589	0.055	0.640	-0.032	0.555	0.087	4.244 ***
Bsize	5.535	1.327	5.668	1.363	5.446	1.299	0.222	-4.813 ***
Outratio	0.596	0.187	0.597	0.217	0.595	0.167	0.002	-0.361
Top1	32.918	4.331	35.061	4.995	31.669	13.779	3.392	-6.838 ***
Size	21.199	0.967	21.451	0.989	21.053	0.922	0.398	-12.051 ***
Lev	52.116	0.537	45.222	0.499	56.135	0.573	-10.913	1.432 *
Growth	43.461	0.926	44.529	0.878	42.910	0.965	1.619	0.706
Age	13.360	5.379	12.349	4.379	13.949	5.804	-1.600	8.626 ***
Number	3541		1304		2237		—	—

注：*、**、***分别代表在10%、5%、1%的水平上显著。

按是否存在创始人将民营上市公司分为创始人公司与非创始人公司，通过创始人公司与非创始人公司主要变量的对比（见表

5－4），可见创始人公司的公司治理水平（*CG*）、企业规模（*Size*）以及总资产增长率（*Growth*）等主要指标的均值（*Mean*）均优于非创始人公司。从 *T* 检验中可以看出两类公司在公司价值（*Tobin's Q*）、公司治理水平（*CG*）、董事会规模（*Bsize*）、第一大股东持股比例（*Top*1）、企业资产规模（*Size*）、资产负债率（*Lev*）等方面存在显著差异。

为了对变量之间关系做进一步的分析，并避免多重共线性的影响，我们还对模型中主要变量进行了相关性分析，如表 5－5 所示。

表 5－5　　　　　　　　主要变量的 **Pearson** 相关检验

变量	*Foun*	*Tobin's Q*	*CG*	*Bsize*	*Outratio*	*Top*1	*Size*	*Lev*	*Growth*
Tobin's Q	0.022	1							
CG	0.071 ***	0.032 *	1						
Bsize	0.080 ***	−0.081***	−0.671***	1					
Outratio	0.006	0.040 *	0.609 ***	−0.593***	1				
*Top*1	0.114 ***	−0.157***	0.611 ***	−0.079***	0.024	1			
Size	0.198 ***	−0.295***	0.025	0.122 ***	−0.008	0.174 ***	1		
Lev	−0.024	0.066 ***	−0.002	−0.025	0.029 *	−0.022	−0.147***	1	
Growth	−0.011	−0.014	0.026	−0.005	−0.001	0.050 **	0.041 **	0.001	1
Age	−0.143***	0.102 ***	−0.092***	−0.043***	0.007	−0.152***	0.065 ***	0.041**	0.031*

注：*、**、*** 分别代表在 10%、5%、1% 的水平上显著。

第二节　计量结果及分析

一　公司治理指数的拟合

本书参考白重恩等（2005）[①] 用多个反映公司治理水平的变量

---

① 白重恩、刘俏、陆洲、宋敏、张俊喜：《中国上市公司治理结构的实证研究》，《经济研究》2005 年第 2 期，第 81—91 页。

进行主成分拟合构建公司治理水平指标的方法，选取了反映董事会治理水平、公司股权结构治理水平、高管薪酬治理水平的独立董事比例（$Outratio$）、董事会规模（$Bsize$）、管理层持股比例（$M-ctr$）、第一大股东持股比例（$Top1$）与第二大到第十大股东持股比例（$Top2-10$）五项指标，最终采取主成分分析法（PCA）拟合成反映整体公司治理水平的公司治理指数（CG）。在初始检验中，所选取的主成分分析指标间的相关性分析如表5-6所示，指标之间具有一定的相关性特征。

表5-6   **主成分变量相关矩阵**

变量	$Bsize$	$Outratio$	$M-ctr$	$Top1$	$Top2-10$
$Bsize$	1	-0.594	-0.079	-0.080	0.084
$Outratio$	-0.594	1	0.080	0.025	-0.004
$M-ctr$	-0.079	0.080	1	0.025	0.275
$Top1$	-0.080	0.025	0.025	1	-0.347
$Top2-10$	0.084	-0.004	0.275	-0.347	1

然后，我们检验了数据间的相关性程度，得出结果，KMO 的取值为 0.591，Bartlett 统计值的显著性概率为 0.000，所以拒绝 H_0（见表5-7）。通过以上分析，可以对所选择的样本指标数据应用主成分分析进行降维度处理。

表5-7   **KMO 和 Bartlett 的球形度检验结果**

取样足够度的 Kaiser-Meyer-Olkin 度量	0.591
Bartlett 的球形度检验　近似卡方	2400.682
df	10
Sig.	0.000

提取主成分因子的模型为：

$$F_i = T_{i1} \times X_1 + T_{i2} \times X_2 + \cdots + T_{ik} \times X_k, \quad (i = 1, 2, \cdots, m)$$

其中，i 为第 i 个主成分组成因子；T_{ik} 为第 i 个主成分因子在第 k 个指标上的负载；m 为所提取主成分因子的总个数；k 为初始指标个数，本书中 $k = 5$。

董事会规模越大，公司治理水平越差（Richardson，2006）；[1] 独立董事比例越高、经理层持股比例越高，公司治理水平越好（叶康涛等，2011[2]；Beasley，1996[3]）；管理层持股比例与公司业绩之间存在着显著的相关关系（Mehran，1995[4]；李增泉，2000[5]）；股权高度集中与股权高度分散的公司相比更有利于激励机制、收购兼并与监督机制等发挥作用（孙永祥等，1999）。[6] 拟合结果见表5－8，公司治理（CG）拟合值越大，公司治理水平越好。

表5－8 公司治理指数拟合

公司治理（CG）贡献率（85.82%）	载荷系数		
	1	2	3
Outratio	− 0.556	− 0.019	0.018
Bsize	0.566	− 0.072	− 0.025
M − ctr	− 0.055	0.735	0.260
*Top*1	− 0.015	0.138	0.847
*Top*2 − 10	− 0.026	− 0.478	0.344

---

① Richardson S., " Over Investment of Free Cash Flow", *Review of Accounting Studies*, Vol. 11, No. 2, 2006, pp. 159 – 189.

② 叶康涛、祝继高、陆正飞、张然：《独立董事的独立性：基于董事会投票的证据》，《经济研究》2011 年第 1 期，第 126—139 页。

③ Beasley M., " An Empirical Analysis of the Relation between the Board of Director Composition and Financial Statement Fraud", *Accounting Review*, Vol. 71, No. 4, 1996, pp. 443 – 465.

④ Mehran H., "Executive Compensation Structure, Ownership, and Firm Performance", *Journal of Financial Economics*, Vol. 38, No. 2, 1995, pp. 163 – 184.

⑤ 李增泉：《激励机制与企业绩效一项基于上市公司的实证研究》，《会计研究》2000 年第 1 期，第 24—30 页。

⑥ 孙永祥、黄祖辉：《上市公司的股权结构与绩效》，《经济研究》1999 年第 12 期，第 23—30 页。

二 创始人、公司治理水平与公司价值的关系分析

本节内容将以上确定的样本指标数据代入模型，考虑到所整理数据为混合截面数据，所以我们应用了混合 OLS 回归分析，这在一定程度上保证了结论的稳定性。对所有变量进行了 VIF 检验，每个变量的 VIF 值最大不超过 3，在一定程度上避免了变量间多重共线性的影响。

创始人参与企业管理对公司价值与公司治理水平的回归结果如表 5－9 所示，创始人的存在与民营上市公司的公司价值和公司治理水平显著正相关。从结果上看，一方面，创始人的存在显著提升了公司价值，为企业带来了公司价值溢价，从而为企业的生存与发展贡献了特殊的力量，这与创始人的经历与经验积累是分不开的；另一方面，也反映了创始人可能对于企业的成长更加关注，并且投入了更多的精力，这支持了假设 H1－1。创始人的存在显著地提升企业的公司治理水平，这支持了研究假设 H1－2，这也进一步支持了创始人的专有经验能降低管理与交易成本，有效地反映了在公司治理水平上的研究结论。此外，由于所有权与资本的密切联系，创始人会以更好的能力和动力来行使监督职能，所以会存在较少的代理问题，因此从整体可以看出创始人角色的存在显著提升公司治理水平。

表 5－9　创始人、公司治理水平与公司价值之间的关系检验

变量	因变量			
	公司价值 （*Tobin's Q*）	公司治理水平 （*CG*）	公司价值 （*Tobin's Q*）	公司价值 （*Tobin's Q*）
Foun	0.785 ** （2.01）	0.461 ** （2.18）	—	0.682 ** （1.75）
CG	—	—	0.154 *** （4.97）	0.156 *** （5.03）
Bsize	−0.109 （−0.63）	—	—	—
Outratio	0.763 * （0.64）	—	—	—

续表

变量	因变量			
	公司价值 （Tobin's Q）	公司治理水平 （CG）	公司价值 （Tobin's Q）	公司价值 （Tobin's Q）
Top1	-0.0904 *** （-6.90）	—	—	—
Size	-0.433 *** （-21.15）	-0.0135 （-1.24）	-0.450 *** （-23.01）	-0.458 *** （-22.85）
Lev	0.078 * （0.95）	0.023 * （0.53）	0.075 * （0.91）	0.073 * （0.90）
Growth	0.226 （0.25）	0.627 （1.25）	0.015 （0.02）	0.045 （0.05）
Age	0.104 *** （2.86）	0.158 *** （8.09）	0.112 *** （3.11）	0.121 *** （3.32）
Industry	Yes	Yes	Yes	Yes
Year	Yes	Yes	Yes	Yes
Cons	10.41 *** （12.14）	0.184 * （0.40）	10.43 *** （12.26）	10.58 *** （12.37）
Adj. R^2	0.3682	0.0712	0.3635	0.3101
F	55.19 ***	7.9 ***	58.88 ***	21.51 ***
N	3541	3541	3541	3541

注：括号内数字为标准误，*、**、***分别代表在10%、5%、1%的水平上显著。

按照温忠麟等（2004）[1]的中介效应检验程序检验创始人、公司治理水平与公司价值三变量之间的关系如图5-1所示。

$$Tobin's\ Q = cFoun + e_1 \tag{5-5}$$

$$CG = aFoun + e_2 \tag{5-6}$$

$$Tobin's\ Q = c'Foun + bCG + e_3 \tag{5-7}$$

---

① 温忠麟等：《中介效应检验程序及其应用》，《心理学报》2004 年第 5 期，第 614—620 页。

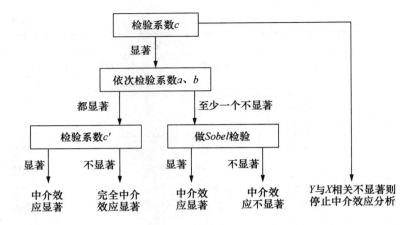

图 5 - 1　中介效应检验程序

资料来源：温忠麟等：《中介效应检验程序及其应用》，《心理学报》2004 年第 5 期，第 614—620 页。

首先，对创始人的存在与否与公司价值进行检验，检验回归系数 c，如果存在显著性，继续下一步，否则停止分析，从以上检验中可知创始人存在与公司价值之间显著相关，即系数 c 显著；其次，按 Baron 和 Kenny（1986）[1] 检验部分中介效应的步骤，对系数 a、b 依次进行检验，数据结果都存在显著性，则显示出创始人角色对公司价值的影响是通过公司治理水平变量实现的，创始人与公司治理水平显著正相关，公司治理水平显著影响公司价值，可见 a、b 均显著；然后，做 Judd 和 Kenny（1981）[2] 的完全中介检验中的第三个检验，即检验系数 c'，数据结果如果不显著，说明是完全中介效应，即创始人的存在对公司价值的影响都是通过公司治理这一中介变量实现的；如果显著，说明只是部分中介效应，即创始人的存在对公司价值的影响只有一部分是通过中介变量公司治理实现的。从

[1]　Baron R. M.，Kenny D. A.，"The Moderator – mediator Variable Distinction in Social Psychological Research：Conceptual，Strategic，and Statistical Considerations"，*Journal of Personality and Social Psychology*，Vol. 51，No. 6，1986，pp. 1173 – 1182.

[2]　Judd C. M.，Kenny D. A.，"Process Analysis：Estimating Mediation in Treatment Evaluations"，*Evaluation Review*，Vol. 5，No. 5，1981，pp. 602 – 619.

创始人、公司治理水平与公司价值三者关系的检验结果中可见公司治理具有显著的中介效应，创始人对公司价值的影响是通过公司治理水平这一中介变量实现的，这支持了研究假设 H1-3，民营上市公司中，创始人对代表董事会治理、股权结构治理与高管薪酬治理水平的公司治理拟合指标变量的影响，最终体现到了公司价值上。

　　控制变量中，从控制变量的符号显示，独立董事比例越高，民营上市公司的公司价值越高（吴淑琨、刘忠明等，2001[①]；王跃堂、赵子夜等，2006[②]）；资产负债率越高，民营上市公司的公司价值就越高（Masulis，1983[③]；吕长江、王克敏，2002[④]）对资本结构与公司业绩相关性进行的实证检验，结果表明公司业绩与其负债水平呈正相关关系；总资产增长率越高，代表企业的成长性越好，公司价值也就越高；第一大股东持股比例、总资产规模与公司价值之间显著负相关，即股权过于集中不利于公司价值的提升，也从侧面反映出在创始人存在的情况下，随着企业规模的增长，创始人对公司价值的影响越小（Jayaraman et al.，2000）；[⑤] 创始人存在的前提下，公司规模与公司治理水平显著负相关，可见随公司规模的增长公司治理的难度与复杂性会增强，从而弱化了创始人对公司治理水平的影响。从另一侧面看，随着创始人民营化时间的推进，公司治理水平显著提升，这意味着民营上市公司随时间的推进在逐渐完善自身的公司治理状况，从而降低了创始人个人的影响力。在回归分析中，其他控制变量与因变量之间的关系不显著。

---

① 吴淑琨、刘忠明、范建强：《非执行董事与公司绩效的实证研究》，《中国工业经济》2001 年第 9 期，第 69—76 页。

② 王跃堂、赵子夜、魏晓雁：《董事会独立性是否影响公司绩效》，《经济研究》2006 年第 5 期，第 62—73 页。

③ Masulis R. W.，" The Impact of Capital Structure Change on Firm value：Some Estimates"，*Journal of Finance*，Vol. 38，No. 2，1983，pp. 107-126.

④ 吕长江、王克敏：《上市公司资本结构、股利分配及管理股权比例相互作用机制研究》，《会计研究》2002 年第 3 期，第 39—48 页。

⑤ Jayaraman N.，Khorana A.，Nelling E.，and Covin J.，" CEO Founder Status and Firm Financial Performance"，*Strategic Management Journal*，Vol. 21，No. 12，2000，pp. 1215-1224.

第三节 创始人角色对公司治理和
公司价值的影响

创始人依据个人喜好或自我认知的不同，会在企业中担任不同的管理角色。按参与方式与参与程度的不同，Villalonga 和 Amit（2006）曾证实，家族企业与非家族企业相比，只有当创始人在公司中担任 CEO 或董事会成员等公司内职务时家族企业才拥有更高的企业价值，这种更高的企业价值不仅相对于非家族企业，而且对于只拥有所有权而不担任管理角色或创始人后裔担任 CEO 的家族企业也是成立的。[①] 在此基础上，Fahlenbrach（2009）进一步提出，在公司的发展中创始人贡献突出，所以他们对公司拥有更大的决策能力和影响力，公司也拥有更高的市场价值和市场表现，因此当公司中某位高官为创始人时，他们拥有"天然的优势"。[②] 有些创始人，当公司发展到一定阶段以后会退出公司的管理，但是这些创始人仍掌握公司的实际控制权，这些人以实际控制人角色存在。在民营企业中最常见的就是创始人担任董事长或 CEO，以及同时担任董事长与 CEO，也有些企业中出现创始人只作为普通董事出现在董事会中。

$Foun\_\,{}^{*}$ 代表创始人的一系列角色，即创始人控制人（$Foun\_con$）、创始人董事长（$Foun\_chai$）、创始人 CEO（$Foun\_ceo$）、创始人董事（$Foun\_dir$），采用 0、1 变量赋值，用以考察公司中创始人以各类角色参与企业管理时对公司价值和公司治理的影响。

$$Tobin's\ Q = \alpha_0 + \alpha_1 \times Foun\_\,{}^{*} + \alpha_2 \times Control\_\,Variables + \alpha_3 \times \sum ind + \alpha_4 \times \sum year + \mu_1 \qquad (5-8)$$

---

① Villalonga B., Amit R., "How do Family Ownership, Control, and Management Affect Firm Value?", *Journal of Financial Economics*, Vol. 80, No. 2, 2006, pp. 385 – 417.

② Fahlenbrach R., "Founder – CEOs, Investment Decisions, and Stock Market Performance", *Journal of Financial and Quantitative Analysis*, Vol. 44, No. 2, 2009, pp. 439 – 466.

$$CG_= \alpha_0 + \alpha_1 \times Foun\_ \ ^* + \alpha_2 \times Control\_ \ Variables + \alpha_3 \times \sum ind +$$

$$\alpha_4 \times \sum year + \mu_1 \qquad\qquad (5-9)$$

一　创始人不同管理角色对公司价值的影响

通过创始人角色与公司价值之间的关系回归结果（见表 5 -
10），可见创始人控制人（*Foun_ con*）、创始人董事长（*Foun_
chai*）、创始人董事（*Foun_ dir*）与公司价值（*Tobin's Q*）均显著
正相关，创始人 CEO（*Foun_ ceo*）与公司价值（*Tobin's Q*）之间
相关性不显著。创始人作为公司实际控制人存在，担任董事长、董
事会成员时能显著影响公司价值，创始人担任 CEO 时并未表现出显
著影响公司价值，这两类职务的明显区分，就是创始人处于企业的
决策最高层——董事长职务时，或担任实际控制者角色和董事会成
员时对企业的影响会高于其他角色，这也印证了民营企业中真正的
决策者与管理者，其实就是董事长，且作为实际控制人时或以董事
会成员角色存在于董事会中显著地提升公司价值。而其 CEO 相对于
决策层更多地在决策参与层面与执行层面，对企业发展与决策的影
响力明显地被弱化。

表 5 - 10　　　　创始人角色与公司价值之间的关系检验

变量	因变量：公司价值（*Tobin's Q*）			
Foun_ con	0.849 **			
	(2.13)			
Foun_ chai		0.915 **		
		(2.24)		
Foun_ ceo			0.569	
			(0.98)	
Foun_ dir				0.861 **
				(2.17)
Bsize	- 0.0961	- 0.102	- 0.0785	- 0.114
	(- 0.56)	(- 0.59)	(- 0.46)	(- 0.66)
Outratio	0.782	0.695	0.873	0.709
	(0.66)	(0.58)	(0.73)	(0.59)

变量	因变量：公司价值（Tobin's Q）			
Top1	-0.908***	-0.907***	-0.893***	-0.906***
	(-6.93)	(-6.92)	(-6.82)	(-6.92)
Size	-0.433***	-0.432***	-0.426***	-0.433***
	(-21.19)	(-21.25)	(-21.15)	(-21.21)
Lev	0.784	0.792	0.807	0.789
	(0.96)	(0.97)	(0.98)	(0.96)
Growth	0.227	0.220	0.192	0.216
	(0.25)	(0.24)	(0.21)	(0.24)
Age	0.105***	0.103***	0.0978***	0.102***
	(2.89)	(2.82)	(2.69)	(2.82)
Industry	Yes	Yes	Yes	Yes
Year	Yes	Yes	Yes	Yes
Cons	10.40***	10.39***	10.25***	10.42***
	(12.15)	(12.14)	(12.01)	(12.15)
R^2	0.3683	0.3684	0.3677	0.3684
F	55.21***	55.23***	55.05**	55.21***
N	3541	3541	3541	3541

注：括号内数字为标准误，*、**、***分别代表在10%、5%、1%的水平上显著。

二 创始人不同管理角色对公司治理水平的影响

创始人角色与公司治理之间的关系回归结果（见表5-11）表明，创始人存在于公司治理结构中，能够显著提升公司治理水平，这可能是因为创始人在企业中的职务有着重要的联系，自创始人公司的创立起，创始人便在公司中担任重要的核心职位，如董事长、CEO或董事长兼CEO，即使只是以实际控制人或决策参与者的董事存在也均是公司治理结构中的核心人物。民营上市公司的创始人控制人影响稍差，这与有些实际控制人并不在公司中担任任何职务，但会通过代理人参与管理与决策，从而弱化了其在公司治理水平上的影响力有关。

表 5 - 11　　　　　创始人角色与公司治理之间的关系检验

变量	因变量：公司治理水平（CG）			
Foun_ con	0.0879 *			
	(4.07)			
Foun_ chai		0.115 ***		
		(5.18)		
Foun_ ceo			0.282 ***	
			(9.05)	
Foun_ dir				0.0598 **
				(2.78)
Size	-0.172	-0.177	-0.120	-0.143
	(-1.59)	(-1.64)	(-1.14)	(-1.32)
Lev	0.234	0.239	0.319	0240
	(0.53)	(0.54)	(0.72)	(0.54)
Growth	0.640	0.640	0.611	0.623
	(1.28)	(1.29)	(1.24)	(1.25)
Age	0.152 ***	0.153 ***	0.148 ***	0.158 ***
	(7.78)	(7.89)	(7.68)	(8.13)
Industry	Yes	Yes	Yes	Yes
Year	Yes	Yes	Yes	Yes
Cons	0.115 **	0.104 **	0.231 **	0.167 **
	(0.25)	(0.22)	(0.50)	(0.36)
R^2	0.0742	0.0769	0.0911	0.0719
Wald x^2	8.27 ***	8.60 ***	10.34 ***	7.99 ***
N	3541	3541	3541	3541

注：括号内数字为标准误，*、**、***分别代表在 10%、5%、1%的水平上显著。

三　稳健性检验

本章的稳健性检验，首先，用反映公司业绩的资产收益率（ROA）指标替代公司价值指标，结果无差异；其次，用独立董事比例（Outratio）、董事会规模（Bsize）、管理层薪酬（M - wage）、第一大股东持股比例（Top1）与第二大到第十大股东持股比例（Top2 - 10）五项指标重新拟合的结果（CG_2）代替原来的公司治理指数（CG），结果无实质性差异；最后，创始人、公司治理与公司价值可能存在内生性，进行滞后处理后能打破这种互为因果的内生性问题，因此我们将创始人角色数据后置一年，对上一期创始人数据（Foun）与当期公司治理水平与公司价值进行回归分析，研究结论也不受影响，可见，创始人、公司治理与公司价值之间不存在严重的内生性问题。在表5–12中只列示了稳健性检验的最终结果。

表5–12　　　　　　　　　　　　　稳健性检验

变量	因变量				
	资产收益率 （ROA）	资产收益率 （ROA）	公司治理水平 （CG_2）	公司价值 （Tobin's Q）	公司治理水平 （CG）
Foun	0.257 * （2.12）		0.313 ** （2.47）		
$Foun_{t-1}$				0.621 * （2.39）	0.273 *** （3.62）
CG		0.312 ** （2.11）			
Bsize	−0.324 （−1.05）			0.0327 （1.62）	
Outratio	0.717 * （1.31）			01.414 *** （3.73）	
Top1	−0.353 ** （−1.41）			0.525 （2.73）	
Size	0.922 *** （2.41）	0.991 *** （3.24）	0.215 *** （12.32）	0.274 *** （17.56）	0.371 *** （5.57）
Lev	−0.035 * （−11.23）	−0.041 * （−12.56）	−0.025 * （−1.32）	−0.027 ** （−2.73）	−0.037 ** （−1.09）
Growth	0.764 *** （9.23）	0.367 *** （8.92）	−0.523 （−2.83）	0.211 *** （3.15）	0.074 *** （2.64）
Age	−0.0761 （−0.17）	−0.00231 （−0.21）	−0.0766 （−1.43）	−0.088 （−2.36）	−0.062 （−1.67）

续表

变量	因变量				
	资产收益率 （ROA）	资产收益率 （ROA）	公司治理水平 （CG₂）	公司价值 （Tobin's Q）	公司治理水平 （CG）
Industry	Yes	Yes	Yes	Yes	Yes
Year	Yes	Yes	Yes	Yes	Yes
Cons	−14.85*** （−2.64）	−16.72** （−3.19）	−11.521*** （−8.64）	−12.817*** （−9.88）	−7.030*** （−8.10）
R^2	0.3521	0.3417	0.1597	0.0614	0.0891
F	72.11***	71.24***	95.71***	30.25***	27.18***
N	3541	3541	3541	3287	3287

注：括号内数字为标准误，*、**、***分别代表在10%、5%、1%的水平上显著。

本章小结

本章以2004—2011年民营上市公司为样本，分析了民营上市公司创始人参与企业管理的过程中对公司价值与公司治理水平的影响。通过实证分析，发现创始人这一角色对民营上市公司有着重要的作用，创始人的存在显著提升公司治理水平与公司价值；更重要的是通过验证发现，创始人对公司价值的影响是部分通过公司治理这一中介变量实现的，从而验证了创始人对公司价值的作用路径。通过对创始人处于不同的管理角色与公司治理水平和公司价值之间的关系进行进一步的验证，发现并非创始人存在于企业高层管理人员中均会显著影响公司价值，只有当创始人作为民营企业中真正的决策者与管理者如董事长、实际控制人、董事时才会显著提升民营上市公司的市场价值。在创始人以各类角色参与企业管理时，创始人的存在均显著地促进了公司治理水平的提升，即创始人角色的存在有利于提升反映董事会治理、公司股权结构治理、高管薪酬治理水平的整体公司治理水平，这些为实践中指导创始人选择自己参与公司管理的方式和程度提供了有益的参考。

　　本章内容的贡献在于：首先，明确了我国民营上市公司中，创始人对公司价值带来的影响，特别是创始人对公司治理水平的作用机制，显示了创始人在企业公司治理中的重要性，进而丰富了创始人视角的民营企业治理的研究成果。其次，验证了公司治理水平在创始人与公司价值之间的中介作用，创始人通过公司治理水平影响公司价值，最终体现在公司的市场价值上，这揭示了创始人影响力的作用路径，创始人的影响首先作用于企业公司治理上，良好的公司治理有利于承载这些影响力，这为创始人的相关政策制定与企业的传承提供了有益的参考。最后，在以往研究的基础上，本书进一步细分了创始人以不同角色参与企业管理的情况，并逐一检验了创始人在企业中角色的不同对公司价值的影响，发现创始人的角色不同对公司价值与公司治理水平的影响亦存在不同，这为创始人的相关研究进一步深入与细化提供了思路。

第六章 创始人董事对董事会治理的价值效应

对创始人的研究比较多地关注到创始人管理者与普通管理者的区别，当创始人参与到公司管理中时，对公司中其他决策参与者来说，创始人特殊的知识、经验和组织地位使他们成了重要的影响焦点（Pfeffer & Salancik, 1978），所以，相对于公司高层管理团队的其他成员，这种影响更可能导致创始人在公司组织战略、结构和行为设计中发挥特殊作用（Gimeno et al., 1997；Kunze, 1990；Vesper, 1996）。而且，Baron 等（1999）研究指出，创始人对组织蓝图的规划一旦制定和付诸实施，就可能"锁定"在其特有的结构中，成为指导未来决策的前提条件，这也进一步凸显出了创始人在企业中的重要地位。既然创始人作为企业中一个特殊的管理角色，其作用及对企业的影响机理一直备受关注，且公司治理的核心内容就是董事会的治理，董事会治理水平的提升对公司业绩的改善起到了关键作用（李维安、张耀伟，2004）。那么创始人作为董事会成员参与董事会决策，其自身哪些特征能够影响到其进行决策的结果，从而更好地体现在对公司整体的价值贡献上呢？创始人在企业创建与发展过程中，作为重要的董事会成员存在于企业中，且基于团队有效性理论的相关研究，往往通过董事会职能所创造的整体产出来体现董事会的有效性。Nicholson 和 Kiel（2004）将董事会的有效性界定为其结构中人力资本的各个要素能够与其各种职能的有效协调，在这一过程中人力资本是关键的要素，通过理论模型的构建，指出将投入转变为产出的转换过程是董事会促进组织价值提升的重要环节。而且从创始人对企业成长的影响与监督作用来看，其所形成的自身素质、专业能力和资源能力等均起到了有效的支撑作用，所以在董事会框架下研究创始人董事及其特征对公司价值的影响，将有助于进一步推进企业创始人的研究，也是创始人对董事会有效性贡献证据的进一步探寻。

基于以上认识，本章在第五章的基础上，深入到董事会结构内部来研究创始人的影响，以2004—2011年我国民营上市公司为实证研究样本，以创始人存在于董事会中为基础，通过分析创始人董事特征，验证其作为创始人董事对董事会运作价值效应的表现，以及进一步探讨了创始人董事特征的影响，期望为"创始人与董事会治理有效性"的关系提供进一步的经验证据。

第一节　研究设计

一　样本数据

本章以在深交所与上交所上市的非金融保险类民营上市公司作为研究对象，手工收集了所需创始人董事的各个指标，为减少研究误差，本章在对初始样本进行整理时，删除了以下样本：（1）在数据库中2004—2011年财务数据不全的民营上市公司；（2）金融类民营上市公司；（3）ST上市公司等。经过筛选确认最终选取了882家民营上市公司、涵盖2004—2011年共计3525家样本数据（见表6-1）。创始人的确认以Wind咨询中国金融数据库中的上市公司招股说明书中明确标明为"创始人"或"创立者"的公司为基础，考虑到创始人的新闻信息会被各类报道所关注，最终以百度搜索与谷歌搜索为辅助进行逐一确认和修正。其他财务数据来源有：（1）国泰安中国上市公司财务报表数据库；（2）国泰安中国上市公司治理结构数据库；（3）CCER经济金融研究数据库。

表6-1　　　　　　　　　　　　本章样本的分布

年份	数量（家）
2004	254

年份	数量（家）
2005	318
2006	328
2007	359
2008	457
2009	492
2010	558
2011	759
合计	3525

二 模型设定与变量定义

（一）模型设定

为检验本书的假设，本章设定以公司市场价值（$Tobin's\ Q$）为被解释变量，创始人董事及创始人董事特征变量为主要自变量的模型。根据以上分析，本章还加入了创始人董事与企业规模、创始人董事与企业年龄的交叉项，进行进一步检验。本章的基本模型如下：

$$Tobin's\ Q = \alpha_0 + \alpha_1 \times Foun\_dir + \alpha_2 \times Control\_Variables + \alpha_3 \times \sum ind + \alpha_4 \times \sum year + \mu_1 \tag{6-1}$$

$$Tobin's\ Q = \alpha_0 + \alpha_1 \times Foun\_dir + \alpha_2 \times Foun\_dir \times age + \alpha_3 \times age + \alpha_4 \times Control\_Variables + \alpha_5 \times \sum ind + \alpha_6 \times \sum year + \mu_1 \tag{6-2}$$

$$Tobin's\ Q = \alpha_0 + \alpha_1 \times Foun\_dir + \alpha_2 \times Foun\_dir \times size + \alpha_3 \times size + \alpha_4 \times Control\_Variables + \alpha_5 \times \sum ind + \alpha_6 \times \sum year + \mu_1 \tag{6-3}$$

另外，为进一步检验反映创始人董事能力不同特征的价值效应，本章详细检验了创始人董事的年龄、专业水平、教育背景及政治关联与公司价值之间的关系。具体模型如下：

$$Tobin's\ Q = \alpha_0 + \alpha_1 \times Fage + \alpha_2 \times Control\_\ Variables + \alpha_3 \times$$
$$\sum ind + \alpha_4 \times \sum year + \mu_1 \qquad\qquad (6-4)$$

$$Tobin's\ Q = \alpha_0 + \alpha_1 \times Fpro + \alpha_2 \times Control\_\ Variables + \alpha_3 \times$$
$$\sum ind + \alpha_4 \times \sum year + \mu_1 \qquad\qquad (6-5)$$

$$Tobin's\ Q = \alpha_0 + \alpha_1 \times Fedu + \alpha_2 \times Control\_\ Variables + \alpha_3 \times$$
$$\sum ind + \alpha_4 \times \sum year + \mu_1 \qquad\qquad (6-6)$$

$$Tobin's\ Q = \alpha_0 + \alpha_1 \times Fpli + \alpha_2 \times Control\_\ Variables + \alpha_3 \times \sum ind +$$
$$\alpha_4 \times \sum year + \mu_1 \qquad\qquad (6-7)$$

（二）变量定义

模型中设计的变量有：

（1）公司价值（$Tobin's\ Q$）。$Tobin's\ Q$ 值常常被用来作为衡量公司业绩表现或公司成长性的重要指标，反映了公司的市场价值，所以本章选用它作为衡量民营上市公司的公司价值指标。

（2）解释变量。本章的主要解释变量为创始人董事（$Foun\_dir$）及创始人董事年龄（$Fage$）、创始人董事专业水平（$Fpro$）、创始人董事教育背景（$Fedu$）及创始人董事政治关联（$Fpli$）。创始人董事年龄（$Fage$）采用搜集的创始人出生年份为基础得出创始人的年龄；创始人董事专业水平（$Fpro$）采用创始人的专业职称来衡量，高级职称赋值为3，中级职称赋值为2，初级职称赋值为1；创始人董事教育背景（$Fedu$）采用创始人学历来衡量，博士研究生学历背景赋值为5，硕士研究生学历背景赋值为4，本科或专科学历背景赋值为3，高中学历背景赋值为2，初中及以下学历赋值为1；创始人董事政治关联（$Fpli$）采用创始人是否存在政治关联（用虚拟变量，存在政治关联为1，否则为0）来衡量。具体研究变量见表6-2。

（3）控制变量。为了能够准确地检验创始人董事及创始人董事特征对公司价值的影响，本章参照以往文献选取了以下变量作为控

表 6 - 2 研究变量一览

变量类型	变量	代码	变量含义
因变量	公司价值	Tobin's Q	Tobin's Q 比率 = 公司的市场价值/资产重置成本
自变量	创始人董事	Foun_ dir	董事会中存在创始人董事取值为 1，否则取值为 0
	创始人董事年龄	Fage	用创始人董事的实际年龄衡量（所在年份 - 出生年 + 1）
	创始人董事专业水平	Fpro	用创始人董事的专业职称的高低来衡量
	创始人董事教育背景	Fedu	用创始人董事的教育学历来衡量
	创始人董事政治关联	Fpli	用创始人董事是否存在政治关联来衡量
控制变量	董事会规模	Bsize	董事会的人数规模
	董事会独立性	Outratio	独立董事的比率
	公司规模	Size	公司总资产的自然对数，反映的是公司规模
	资产负债率	Lev	反映公司总资产中有多少是通过负债筹集的，该指标是评价公司负债水平的综合指标
	总资产增长率	Growth	反映企业本期资产规模的增长情况
	公司年龄	Age	公司创建年限

制变量：公司规模（Size），本章以上市公司总资产作为公司规模变量，用上市公司总资产的自然对数来衡量公司规模的大小；考虑到创始人董事公司董事会自身结构对公司价值的影响，我们控制了董事会规模（Bsize）与董事会独立性（Outratio）；基于对公司运营状况差异性的考虑，我们选择了总资产增长率（Growth）指标、企业资产负债率（Lev）、公司年龄（Age）进行控制，此外考虑到行业

与整体年限的影响，模型中还控制了行业与时间（以 2004 年为基期）。

三　变量的描述性统计

总体样本（3525 个）中存在创始人董事的样本数量为 1175 个，以此为基数，为进一步分析创始人董事的相关背景特征，本章通过柱形图的统计展现方式进行了逐一分析，通过分析结果可知，样本中创始人董事年龄多数在 40—49 岁、50—59 岁这两个年龄阶段，此统计结果也引起了我们对创始人董事年龄对企业的影响，不同年龄阶段对于企业的影响是否相同，是否存在创始人董事的黄金年龄阶段的猜想，而且样本中 80—89 岁创始人董事仍存在于董事会中，我们注意到他们的影响如何，这一问题有待进一步实证分析进行验证（见图 6 - 1）。样本中创始人董事专业水平中，具有高级职称的样本数为 572，占全部创始人董事样本的 48.68%，可见创始人董事的整体专业水平较高（见图 6 - 2）。在教育背景上，创始人董事虽存在一部分低学历，但是整体学历大部分都在本科及以上，部分学历比较低的多为年龄较大的创始人董事（见图 6 - 3）。在政治关联上，71.57% 的创始人董事存在相关政治关联，这显示出创始人多数

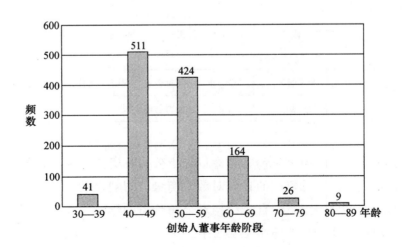

图 6 - 1　创始人董事年龄分布

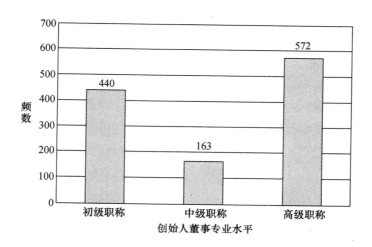

图 6-2　创始人董事专业水平分布

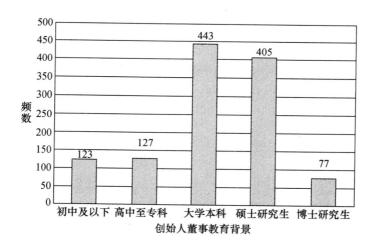

图 6-3　创始人董事教育背景分布

存在着政治关联的情况，体现企业家的政治声誉寻求倾向与政治资源寻求倾向。在企业的成长过程中，这一重要背景的影响如何也有待进一步检验（见图 6-4）。

　　模型中主要变量的描述性统计结果及相关性检验分别见表 6-3和表 6-4。

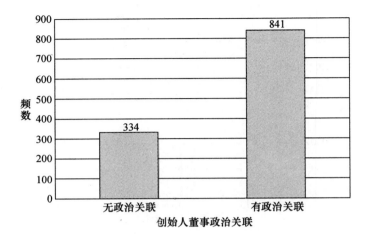

图6-4 创始人董事政治关联分布

表6-3 主要变量的描述性统计

变量	样本数量	均值	中值	标准差	最小值	P25	中位数	P75	最大值
Tobin's Q	3525	1.958	1.527	1.305	0.607	1.182	1.527	2.225	14.462
Bsize	3525	5.55	6	1.294	2	5	6	6	19
Outratio	3525	0.583	0.500	0.130	0.125	0.5	0.5	0.667	1
*Top*1	3525	32.851	29.728	14.252	3.89	22.454	29.727	41.933	86.49
Size	3525	21.201	21.104	0.942	17.082	20.565	21.103	21.773	24.824
Lev	3525	47.046	46.760	24.476	0.700	30.72	46.76	60.14	376.82
Growth	3525	19.974	11530	4.012	-99.86	0.625	11.53	26.715	910.13
Age	3525	13.34	13.00	5.372	2	10	13	16	59

表6-4

主要变量的 Pearson 相关性检验

变量	Foun_dir	Fage	Fpro	Fedu	Fpli	Tobin's Q	Bsize	Outratio	Top1	Size	Lev	Growth
Tobin's Q	-0.011	-0.021	-0.023	-0.004	-0.008	1						
Bsize	0.081***	0.09***	0.121***	0.093***	0.075***	-0.094***	1					
Outratio	0.012	-0.015	-0.020	0.001	0.007	0.092***	-0.639***	1				
Top1	0.107***	0.094***	0.087***	0.105***	0.088***	-0.153***	-0.084***	0.041**	1			
Size	0.177***	0.206***	0.207***	0.185***	0.204***	-0.279***	0.130***	-0.033***	0.166***	1		
Lev	-0.048***	-0.041**	-0.027*	-0.040**	-0.015	-0.048***	-0.011	-0.016	-0.037**	0.065***	1	
Growth	0.08***	0.089***	0.071***	0.094***	0.074***	-0.041***	0.017	0.015	0.158***	0.241***	-0.083***	1
Age	-0.126***	-0.116***	-0.099***	-0.121***	-0.098***	0.099***	-0.045	0.006	-0.156***	0.072***	0.086***	-0.055***

注：*、**、***分别代表在10%、5%、1%的水平上显著。

第二节　计量回归结果与分析

本节我们对所设定模型进行 OLS 回归分析，选择创始人董事的价值效应，以及创始人董事与公司年龄（*Age*）、创始人董事与公司规模（*Size*）的交叉项，检验随企业规模的扩大和生命周期的延长，创始人董事影响的动态性。考虑到交叉项与 *Age*、*Size* 之间的相关性较大，因此我们先对 *Age* 和 *Size* 进行中心化处理，然后再进行相乘，经过如此处理后，模型中各变量的 *VIF* 值最大不超过 3，不存在多重共线性问题。

一　创始人董事的价值效应分析

从回归结果可见（见表 6 – 5），创始人董事存在于董事会中带来正向的价值效应，这与 Demsetz 和 Lehn（1985）[①]、James（1999）[②]、Li 和 Srinivasan（2011）[③] 等的研究结论相一致，创始人以董事会成员身份存在于董事会中，对于公司价值的体现有正向的作用。同时，我们考虑到随着企业的发展壮大以及生命周期的延伸，创始人董事的影响效应可能会发生变化，从验证结果我们看到交叉项系数为负，且相关性显著，这说明公司规模 *Size* 与公司年龄 *Age* 的增加显著降低了创始人的影响，即随着公司规模的增大与公司创立时间的延续创始人权威对公司价值的影响在降低，也就是说，公司越大、创立时间越久，创始人董事对于董事会的价值效应的贡献会逐渐减弱。这也证实，随着民营上市公司的逐步发展，创始人董事的影响会减弱，但是并未证实创始人的本身影响力的变化，

① Demsetz H., Lehn K., "The Structure of Corporate Ownership: Causes and Consequences", *Journal of Political Economy*, Vol. 93, No. 6, 1985, pp. 1155 – 1177.

② James H., "Owner and Manager, Extended Horizons and the Family Firms", *International Journal of the Economics of Business*, 1999, Vol. 6, No. 6, pp. 41 – 56.

③ Li F., Srinivasan S., "Corporate Governance when Founders are Directors", *Journal of Financial Economics*, Vol. 102, No. 2, 2011, pp. 454 – 469.

表6－5　　　　　　　　创始人董事的价值效应检验

变量	因变量：公司价值（Tobin's Q）		
Foun_ dir	0.0838 **	5.118 ***	0.294 ***
	(2.10)	(5.91)	(2.68)
Foun_ dir × Size		−0.244 ***	
		(−6.01)	
Foun_ dir × Age			−0.0166 **
			(−2.05)
Bsize	−0.0535	−0.0143	−00166
	(−0.00)	(−0.08)	(−0.01)
Outratio	0.362 **	0.344 *	0.361 **
	(2.01)	(1.92)	(2.01)
Top1	−0.0889 ***	−0.0901 ***	−0.0893 ***
	(−6.70)	(−6.82)	(−6.73)
Size	−0.430 ***	−0.520 ***	−0.424 ***
	(−20.24)	(−20.10)	(−19.73)
Lev	0.0158 ***	0.0137 **	0.0162 ***
	(2.90)	(2.53)	(2.98)
Growth	−0.0487	−0.0433	−0.0504
	(−1.14)	(−1.02)	(−1.18)
Age	0.0871 **	0.0666 *	0.0125 ***
	(2.38)	(1.82)	(3.05)
Cons	10.05 ***	11.98 ***	9.856 ***
	(11.53)	(12.95)	(11.25)
Industry	Yes	Yes	Yes
Year	Yes	Yes	Yes
Adj. R^2	0.3625	0.3690	0.3332
F	53.58 ***	53.65 ***	52.33 ***
N	3525	3525	3525

注：括号内数字为标准误，*、**、***分别代表在10%、5%、1%的水平上显著。

而只是相对于企业自身的壮大发展后创始人的影响力的降低。如果要从创始人本身的影响力上来分析，我们需要深度攫取创始人的自身背景特征，从不同特征角度来证实这一影响力的来源以及强弱。

以上研究结果表明，存在于董事会中的创始人对企业的整体价值有正向的影响，且创始人与公司价值间的关系会随着企业规模增加和寿命延续而变化，这一研究结果支持了创始人的影响可能会一直随着企业的延续而存在。这与组织印迹理论的研究相吻合，Baron等（1999[①]，2001[②]）认为，创始人对组织蓝图的规划一旦制定和付诸实施，就可能"锁定"在其特有的结构中，成为指导之后决策的前提条件，这也凸显出了创始人在企业中的重要地位。但也体现出随着企业的发展，创始人的影响是动态性的，虽然会长久存在，但仍会发生变化，因为外部环境、企业自身和相关制度都在发生变化。因此，关注这种动态性，在实践中就应该合理地认知创始人的作用。以上分析和检验明确了创始人董事对董事会治理价值性的贡献，以及这种价值效应的变化情况。为进一步明确创始人董事的影响，本章将从创始人董事的自身特征背景着手检验这些特征对公司价值的影响，以明确创始人董事对企业影响的根源性。

二 创始人董事特征的价值效应分析

Elron（1997）[③]、Haleblian 和 Finkelstein（1993）[④] 研究认为，企业的高层管理团队作为一个整体，凸显出了团队的多样性，即团队成员的文化背景、职业经历、专业方向、受教育程度以及年龄等一些人口特征指标上的差异程度，也会直接或间接地对组织的绩效水平造成影响。Reuber 和 Fischer（1999）认为，创始人年龄、教育

---

① Baron J. N. , Hannan M. T. , Burton M. D. , "Building the Iron Cage: Determinants of Managerial Intensity in the Early Years of Organizations", *American Sociological Review*, Vol. 64, No. 4, 1999, pp. 527 – 547.

② Baron J. N. , Hannan M. T. , Burton M. D. , "Labor Pains: Organizational Change and Employee Turnover in Young, High – Tech Firms", *American Journal of Sociology*, Vol. 106, No. 4, 2001, pp. 960 – 1012.

③ Elron E. , " Top Management Teams Within Multinational Corporations: Effects of Worker Heterogeneity", *Leadership Quarterly*, Vol. 8, No. 4, 1997, pp. 393 – 412.

④ Haleblian J. , Finkelstein S. , "Top Management Team Size, CEO Dominance, and Firm Performance: The Moderating Roles of Environmental Turbulence and Discretion", *Academy of Management Journal*, Vol. 36, No. 4, 1993, pp. 844 – 863.

和经验对企业带来不同的影响①，而且，当创始人出现在组织中的时候，由于他们特有的知识、经验和组织地位，往往使他们成为组织决策的核心（Pfeffer & Salancik，1978）。② 那么创始人董事，这一董事会的重要组织决策成员的背景特征对董事会的价值贡献如何？我们通过创始人董事的年龄特征、专业水平、教育背景以及政治关联等方面检验了这些特征背景对公司价值的影响。

从结果中可以看到创始人董事年龄（$Fage$）、创始人董事专业水平（$Fpro$）、创始人董事教育背景（$Fedu$）、创始人董事政治关联（$Fpli$）与 $Tobin's\ Q$ 的关系均为正相关关系（见表 6 - 6），创始人董事年龄的增长、专业经验的积累、教育学历的提升均对于董事会价值效应有正向的影响。创始人董事的政治关联（$Fpli$）与公司价值显著正相关，说明政治关联的存在给予创始人公司的公司价值更有利的促进因素，从而显著提升公司价值，也体现出创始人政治诉求是具有经济效益的。以上结论证实了在前文所提出的研究假设，在创始人董事年龄的结论上明晰了随着创始人董事年龄的增加对公司价值的贡献增大，但是在上文分析中我们也认识到创始人的年龄与公司价值之间可能并不是简单的线性关系，因此在以上的检验基础之上本章将继续进一步检验创始人年龄特征与公司价值之间关系。

表 6 - 6　　　　　创始人董事特征的价值效应检验

变量	因变量：公司价值（$Tobin's\ Q$）		
$Fage$	0. 0125 * （1. 72）		
$Fpro$		0. 0390 ** （2. 39）	

---

① Reuber A., Fischer E., " Understanding the Consequences of Founders' Experiences", *Journal of Small Business Management*, Vol. 37, No. 2, 1999, pp. 30 - 45.

② Pfeffer J., Salancik G. R., *The External Control of Organizations: A Resource - Dependence Perspective*, New York: Harper & Row, 1978.

续表

变量	因变量：公司价值（Tobin's Q）			
Fedu			0.0272 **	
			(2.36)	
Fpli				0.162 ***
				(3.79)
Bsize	0.0107	− 0.0138	− 0.0960	− 0.0189
	(0.06)	(− 0.07)	(− 0.05)	(− 0.10)
Outratio	0.377 **	0.361 **	0.360 **	0.343
	(2.10)	(2.01)	(2.00)	(1.91)
Top1	− 0.0880 ***	− 0.0884 ***	− 0.0889 ***	− 0.0892 ***
	(− 6.64)	(− 6.67)	(− 6.70)	(− 6.74)
Size	− 0.430 ***	− 0.433 ***	− 0.431 ***	− 0.439 ***
	(− 20.13)	(− 20.25)	(− 20.28)	(− 20.54)
Lev	0.0157 ***	0.0156 ***	0.0157 ***	0.0158 **
	(2.89)	(2.87)	(2.88)	(2.92)
Growth	− 0.0487	− 0.0478	− 0.0504	− 0.0491
	(− 1.14)	(− 1.12)	(− 1.18)	(− 1.15)
Age	0.0867 **	0.0859 **	0.0896 **	0.0905 *
	(2.37)	(2.35)	(2.44)	(2.48)
Cons	10.02 ***	10.11 ***	10.08 ***	10.25 ***
	(11.49)	(11.58)	(11.56)	(11.76)
Industry	Yes	Yes	Yes	Yes
Year	Yes	Yes	Yes	Yes
Adj. R^2	0.3622	0.3627	0.3621	0.3643
F	53.52 ***	53.64 ***	53.13 ***	56.00 ***
N	3525	3525	3525	3525

注：括号内数字为标准误，＊、＊＊、＊＊＊分别代表在 10%、5%、1% 的水平上显著。

三 进一步分析：创始人董事年龄价值效应的非线性分析

以上结果虽然证实了创始人董事的背景特征确实会显著影响创始人公司价值，但不同年龄阶段的创始人董事其行为也会存在差异，因此其对公司价值的影响也会有所不同。所以拟对创始人董事年龄对公司价值的影响，进行非线性的相关性检验。所以在回归方程中加入创始人年龄平方项（$Fage^2$），进行回归分析（见表6-7），发现创始人年龄与公司价值间存在倒 U 形关系。这表明随着年龄的增长，创始人对公司价值的影响在逐步增强之后达到某一顶峰会逐步弱化，所以我们认为这一结果的原因在于随着创始人年龄的增长，在一定阶段属于生理或事业的巅峰期，而在此巅峰期以后会有一定程度的下降，且当创始人在一定年龄后会存在思维固化、发展保守等问题，再进一步地"恋栈"于公司势必会影响公司的运营与发展。

随着企业的自身发展和创始人年龄的增长，企业的权力交接是一个必然的过程。因此，我们可以从创始人年龄特征看到存在差异，而且创始人的年龄也意味着企业家拥有的风险倾向和阅历处于不同的阶段，这也势必将对企业家的战略选择和战略观点造成影响。大量研究表明对于管理者的认知是和年龄紧密相连的，年龄的增长就意味着管理者的部分认知能力在逐渐弱化、变通能力降低、知识结构会老化等问题的相继出现，害怕变革甚至害怕改变一些常规的流程，在信心上也不如从前，这会影响到做出的决策。所以更愿意承担风险的是年轻的管理者，而倾向于规避风险的往往是年长的管理者。根据本章实证分析，创始人随着年龄的增长，会有一个对市场价值的影响从促进到牵制的转变，所以创始人适时地交出权力，对企业的延续发展有着重要的意义，也进一步从现实中印证了本书的基本结论。

表6-7　　　创始人年龄特征与公司价值之间的关系检验

变量	因变量：公司价值（Tobin's Q）		
$Fage$	0.0125 *	0.0706 *	
	（1.72）	（2.01）	
$Fage^2$		-0.00102 *	
		（-1.69）	
$Bsize$	0.0107	-0.0214	
	（0.06）	（-0.01）	

变量	因变量：公司价值（*Tobin's Q*）			
Outratio	0.377 **	0.353		
	(2.10)	(1.96)		
*Top*1	−0.0880 ***	−0.0899 ***		
	(−6.64)	(−6.76)		
Size	−0.430 ***	−0.430 ***		
	(−20.13)	(−20.14)		
Lev	0.00157 ***	0.00156 **		
	(2.89)	(2.88)		
Growth	−0.0487	−0.0505		
	(−1.14)	(−1.18)		
Age	0.0867 **	0.0920 *		
	(2.37)	(2.50)		
Cons	10.02 ***	10.04 ***		
	(11.49)	(11.52)		
Industry	Yes	Yes		
Year	Yes	Yes		
Adj. R²	0.3622	0.3627		
F	53.52 ***	52.22 ***		
N	3525	3525		

注：括号内数字为标准误，* 、** 、*** 分别代表在 10% 、5% 、1% 的水平上显著。

四　稳健性检验

本章采用三种方法进行稳健性检验，具体结果见表 6 – 8。因为所考察样本数据为非平衡面板数据，创始人背景特征在某家公司的各年度内变化较小，所以在回归分析中我们采用了面板数据的随机效应（我们对面板数据进行了固定效应与随机效应检验），对其结果进行了 Hausman 检验，进一步进行了 B – P 检验，且按照 Mundlak（1978）[1] 处理。一般情况下，我们都应当把个体效应视为随机的，

---

[1]　Mundlak Y. , "On the Pooling of Time Series and Cross – Section Data", *Econometrica*, Vol. 46, No. 1, 1978, pp. 69 – 85.

所以才应用了随机效应的检验结果；增加控制变量，在回归模型中我们选择增加公司风险系数（$Beta$），对回归结果没有影响；减少样本数量，在样本数据中 2010—2011 年存在较多的中小板上市公司，因此，我们选取 2004—2009 年样本并删除了 2010—2011 年的样本数据来进行实证检验，结果都显示出了不影响以上结论的稳健性。

表 6 - 8　　　　　　　　　稳健性检验

变量	因变量：公司价值（$Tobin's\ Q$）			
$Fage$	0.00397***			
	(3.25)			
$Fpro$		0.0790***		
		(2.94)		
$Fedu$			0.0637***	
			(3.34)	
$Fpli$				0.204***
				(2.90)
$Bsize$	-0.0446*	-0.0467*	-0.0466*	-0.0436*
	(-1.70)	(-1.78)	(-1.78)	(-1.67)
$Outratio$	0.648**	0.637**	0.631**	0.647**
	(2.58)	(2.53)	(2.51)	(2.57)
$Top1$	-0.0131***	-0.0132***	-0.0132***	-0.0132***
	(-6.14)	(-6.17)	(-6.21)	(-6.18)
$Size$	-0.315***	-0.313***	-0.313***	-0.313***
	(-9.28)	(-9.22)	(-9.28)	(-9.21)
Lev	0.0125*	0.0124*	0.0124*	0.0125*
	(1.95)	(1.93)	(1.94)	(1.95)
$Growth$	0.0235***	0.0239***	0.0233***	0.0238***
	(3.76)	(3.83)	(3.73)	(3.81)
$Beta$	-0.0147	-0.0131	-0.0164	-0.0169
	(-1.67)	(-1.82)	(-1.37)	(-1.54)
Age	0.0376***	0.0372***	0.0374***	0.0374***
	(6.53)	(6.47)	(6.51)	(6.49)
$Cons$	8.094***	8.083***	8.080***	8.062***
	(11.08)	(11.05)	(11.11)	(11.03)

续表

变量	因变量：公司价值（Tobin's Q）			
R^2	0.1470	0.1468	0.1509	0.1447
Chi（2）	219.80***	217.79***	220.68***	217.53***
N	2209	2209	2209	2209

注：括号内数字为标准误，*、**、***分别代表在10%、5%、1%的水平上显著。

本章小结

本章利用我国2004—2011年民营上市公司中存在创始人的公司为样本，实证分析了创始人董事存在于董事会中对董事会治理价值贡献，也是董事会治理的有效性的一种体现。同时在此基础上，进一步考察了公司规模、公司年龄的调节作用；检验了创始人董事年龄（Fage）、创始人董事专业水平（Fpro）、创始人董事教育背景（Fedu）、创始人董事政治关联（Fpli）与 Tobin's Q 的关系。结果表明，创始人董事存在于董事会中对公司价值有正向的影响，即董事会中存在创始人董事的公司具有更高的市场价值，而且随公司规模增大与公司年龄的增加，创始人董事的影响会有所降低。创始人董事年龄（Fage）、创始人董事专业水平（Fpro）、创始人董事教育背景（Fedu）、创始人董事政治关联（Fpli）皆与公司价值之间存在正相关的关系。我们还进一步考察了创始人董事年龄特征的影响，表明创始人随着年龄的增长其对公司价值的影响会呈现先增后减的趋势，当创始人达到一定年龄后对公司市场价值的影响会减弱甚至变向。创始人董事具有较高的专业水平、教育背景都有利于公司价值的提升；创始人董事的政治关联对民营企业来说是一种资源，创始人比较倾向于寻求政治关联，以此来促进企业生产和发展，提升民营企业的市场价值。

　　本章的结论意味着我国民营上市公司董事会中存在创始人董事这一特殊的管理角色对公司的市场价值有正向的影响，创始人董事背景特征的分析进一步解释了创始人对企业影响的作用来源，而且随公司规模与公司年龄的增长，创始人董事的影响力会有所降低，这些结论具有较强的理论和实践意义。从理论上讲，这表明在分析创始人与企业关系时，需要考虑创始人年龄、专业水平、教育背景、政治关联等多方面的作用；从实践中看，完善公司治理结构，适度、适时地发挥创始人的作用，对有效提升公司价值，保证创始人公司的可持续发展有着重要的作用。从创始人的这些特有背景构成来看，我们也可以看到有些特有的背景特征是不能像管理权力那样通过权力的交接去完成的，它们并不能实现从创始人到继任者的转移，这也激励我们从创始人继任角度更深入地探讨此类企业的研究。

第七章　创始人董事对董事会 治理有效性的影响

上一章中，我们通过创始人董事及其特征对公司价值的影响，初步揭示了创始人对董事会有效性的价值贡献，突出表现在创始人董事的业绩有效性上。但是 Hillman 和 Dalziel（2003）指出，现有的研究在评价董事会有效性的问题上采取了非此即彼的态度，往往强调董事会某方面的职能对企业绩效的影响，因此对董事会的认识尚不够完整。在 1997 年，美国《商业周刊》组织各领域的专家组成了一个调查小组，选择 50 家公司对其董事会的质量进行了深度调查分析，结果发现：董事会运作质量即董事会的有效性是决定公司未来业绩好坏的标志，也是股东关注的重要公司治理因素。那么在我国民营上市公司中，创始人董事存在于董事会时对董事会有效性的贡献如何，需要进一步的实证研究进行佐证。但董事会是通过履行其相关职能而影响公司绩效的，因此创始人董事对公司价值的影响是间接的。Nicholson 和 Kiel（2004）认为，董事会应该履行监督、建议、获取资源和战略四个方面的职能。在我国这样一个外部治理环境相对稳定且不易发生变化的前提下，在公司股权分散化发展已成为各国企业股权演变趋势的影响下，董事会职能的有效性在公司治理中的研究中日益被关注，也即构建有效的董事会成为完善公司治理机制的关键问题，董事会的有效性关键体现在其职能上。

因此，本章以 2004—2011 年的我国民营上市公司为实证研究样本，以创始人为研究对象，以创始人存在于公司董事会为基础，探讨创始人董事对董事会治理有效性的贡献，从以下几个方面进行了检验：首先，检验创始人董事对经理层代理成本的影响；其次，以创始人董事对高管薪酬业绩敏感性的影响检验监督职能的有效性；再次，以 CEO 更替业绩敏感性检验创始人董事对董事会有效监督经理层的贡献；最后，以董事会出勤（董事的缺席与委托出席情况）和董事会会议情况（董事会各类型会议频率）衡量董事会运行的效率，从另一侧面佐证创始人董事对董事会有效性的贡献。通过以上检验，以期为"创始人与董事会有效性"之间的关系提供进一步的经验证据。本章从创始人董事为切入点研究创始人企业的董事会有效性，这也从一个新的角度诠释了创始人这类管理者对于企业影响的深层次内涵。

第一节　研究设计

一　样本数据

本章以在深交所与上交所上市的非金融保险类民营上市公司作为研究对象，手工收集了所需创始人董事指标，经过筛选确认最终选取了 871 家民营上市公司、涵盖 2004—2011 年共计 2953 家样本数据（见表 7 – 1）。创始人的确认以 Wind 咨询中国金融数据库中的上市公司招股说明书中明确标明为"创始人"或"创立者"的公司为基础，考虑到创始人的新闻信息会被各类报道所关注，最终以百度搜索与谷歌搜索为辅助进行逐一确认和修正。其他财务数据来源有：（1）国泰安中国上市公司财务报表数据库；（2）国泰安中国上市公司治理结构数据库；（3）CCER 经济金融研究数据库。

表 7 – 1　　　　　　　　　　本章样本的分布

年份	数量（家）
2004	70
2005	96
2006	248
2007	350

年份	数量（家）
2008	422
2009	474
2010	539
2011	754
合计	2953

为减少研究误差，本章在对初始样本进行整理时，剔除了在数据库中财务和治理数据不全的民营上市公司、金融类和 ST 类公司的年度样本数据，对样本各指标数据进行了 Winsore（1%）处理，最终得到 2953 家数据样本。2004 年 70 家，2005 年 96 家，2006 年 248 家，2007 年 350 家，2008 年 422 家，2009 年 474 家，2010 年 539 家，2011 年 754 家。

二　模型设定与变量定义

（一）模型设定

为考察上文中创始人董事对董事会治理有效性影响的基本假设，设立以代理成本的替代变量管理费用率（AC_1）与总资产周转率（AC_2），高管薪酬（Lnpay），CEO 更替（Ceot），董事会出勤中的缺席人次（$Absent_1$）与委托出席人次（$Absent_2$），董事会会议中的董事会会议次数（Mt），董事会通信会议次数（$Temt$）和董事会现场会议次数（$Osmt$）为主要被解释变量。创始人董事（$Foun\_dir$）为解释变量的回归模型。参考已有研究，并根据以上分析，本章还加入了一些重要的控制变量。基本模型如下：

1. 创始人董事对代理成本的影响

$$AC = \alpha_0 + \alpha_1 \times Foun\_dir + \alpha_2 \times Control\_Variables + \alpha_3 \times \sum ind +$$

$$\alpha_4 \times \sum year + \mu_1 \qquad\qquad (7-1)$$

2. 创始人董事对高管薪酬敏感性的影响

$$Lnpay = \alpha_0 + \alpha_1 \times Tobin's\ Q + \alpha_2 \times Foun\_dir \times Tobin's\ Q + \alpha_3 \times$$

$$Foun\_dir + a_4 \times Control\_Variables + \alpha_5 \times \sum ind + \alpha_6 \times \sum year + \mu_1$$

$$(7-2)$$

$$Lnpay = \alpha_0 + \alpha_1 \times ROA + \alpha_2 \times Foun\_dir \times ROA + \alpha_3 \times Foun\_dir +$$

$$a_4 \times Control\_Variables + \alpha_5 \times \sum ind + \alpha_6 \times \sum year + \mu_1 \qquad (7-3)$$

3. 创始人董事与 CEO 更替

$$Ceot = \alpha_0 + \alpha_1 \times Tobin's\ Q + \alpha_2 \times Foun\_dir \times Tobin's\ Q + \alpha_3 \times$$

$$Foun\_dir + a_4 \times Control\_Variables + \alpha_5 \times \sum ind + \alpha_6 \times \sum year + \mu_1$$

$$(7-4)$$

$$Ceot = \alpha_0 + \alpha_1 \times ROA + \alpha_2 \times Foun\_dir \times ROA + \alpha_3 \times Foun\_dir +$$

$$\alpha_4 \times Control\_Variables + \alpha_5 \times \sum ind + \alpha_6 \times \sum year + \mu_1 \qquad (7-5)$$

4. 创始人董事对董事会运作效率的影响

$$Absent = \alpha_0 + \alpha_1 \times Foun\_dir + \alpha_2 \times Control\_Variables + \alpha_3 \times$$

$$\sum ind + \alpha_4 \times \sum year + \mu_1 \qquad (7-6)$$

$$Mt = = \alpha_0 + \alpha_1 \times Foun\_dir + \alpha_2 \times Control\_Variables + \alpha_3 \times$$

$$\sum ind + \alpha_4 \times \sum year + \mu_1 \qquad (7-7)$$

(二) 变量定义

1. 代理成本

本章借鉴 Ang 等 (2000)[①] 以及 Singh 和 Davidson 等 (2003)[②] 的研究将代理成本采用财务指标的方法来度量：其中，管理费用率指标能够从运营成本的控制效果上体现经理层对成本的控制力，其值采用主营业务收入中管理费用所占的比率来衡量；另外，总资产周转率主要反映出经理层对公司资产的利用效率，其值采用年销售收入与总资产之比来衡量。

(1) 管理费用率 (管理费用/主营业务收入)。管理费用中主要

---

① Ang J. S. , Cole R. A. , and Lin J. W. , " Agency Costs and Ownership Structure ", *Journal of Finance* , Vo. 55 , No. 1 , 2000 , pp. 81 - 106.

② Singh M. , Davidson W. , "Agency Costs, Ownership Structures and Corporate Governance Mechanisms" , *Journal of Banking and Finance* , Vol. 27 , No. 5 , 2003 , pp. 793 - 816.

计入了一些实物消费，其中主要包括装修办公室、购买高档消费品等各项费用支出，这些费用是管理层在职消费的间接性体现，经理层通过这一费用的应用在同等收入水平下提升个人收益，而且此项支出以及支出额度与实物消费行为之间存在紧密的关系，所以是一种使企业费用水平上升的代理成本，因此计量代理成本管理费用率是一个合适的指标，管理费用率越高，即代理成本越大；反之则相反，在本章中管理费用率记为 AC_1。

（2）总资产周转率（主营业务收入/总资产平均额）。总资产周转率相对间接，这一指标从代理人运用委托人总资产为企业创造价值的能力的角度衡量企业代理效率进而来间接反映代理成本。此外，总资产周转率是一个从综合角度衡量资产使用效率的指标，可以反映代理人的管理能力和动力，与管理效率相关联。总资产周转率是指销售收入与总资产比值，总资产周转率越高，则资产使用效率越高，表明管理者并没有将过多资产用于非生产目的，代理成本越低。在本章中总资产周转率记为 AC_2。

2. 高管薪酬的度量

对于高管薪酬的衡量由于股票期权及高管持股的现象并不普遍，本章只是从现金薪酬的公布数字来分析高管薪酬敏感度。依据王克敏和王志超（2007）[1] 与雷光勇等（2010）[2] 的研究设计，本章用上市公司年度报告中的前三名高管的薪酬总额取自然对数作为高管薪酬（Lnpay）的替代变量，以公司市场价值（Tobin's Q）和总资产收益率（ROA）代理公司业绩变量，放入方程中做高管薪酬敏感度的检验。

3. CEO 更替

本章将 CEO 的更替定义为上市公司总经理的变更。根据上市公司年报中信息确认 CEO 的更替变量值，对 CEO 更替（Ceot）设立

---

① 王克敏、王志超：《高管控制权、报酬与盈余管理——基于中国上市公司的实证研究》，《管理世界》2007 年第 7 期，第 111—119 页。

② 雷光勇、李帆、金鑫：《股权分置改革、经理薪酬与会计业绩敏感度》，《中国会计评论》2010 年第 3 期，第 17—30 页。

一个虚拟变量，即当总经理发生变更时，则该变量取值为1，否则取值为0。在总经理的更替数据中，出于对更替原因的分析，我们将总经理的工作调动、正常退休、任期届满、控股股权变动等正常离职情况进行了排除，主要考察了辞职、解聘等情况。

4. 董事会行为变量

董事会行为变量主要采用了董事会中董事出席情况和董事会会议频率情况，董事会中董事出席情况选用了两个变量：缺席率（$Absent_1$ = 董事会会议年度缺席人次/年度董事会会议总人次）和委托出席率（$Absent_2$ = 董事会会议年度委托出席人次/年度董事会会议总人次）。董事会会议频率情况选用了三个变量：董事会会议次数（Mt）、董事会通信会议次数（$Temt$）与董事会现场会议次数（$Osmt$）。

5. 控制变量

为了能够准确地检验创始人董事对董事会治理有效性的影响，本章参照以往研究代理成本、薪酬敏感系数与CEO更替等文献选取了以下变量作为控制变量：公司规模（$Size$），本章以上市公司总资产作为公司规模变量，用上市公司总资产的自然对数来衡量公司规模的大小；考虑到创始人公司董事会对公司价值的影响，我们控制了董事会规模（$Bsize$）与董事会独立性（$Outratio$）；从股权结构上，我们控制了股权集中度变量：第一大股东持股比例（$Top1$）；基于公司运营状况差异性的考虑，我们选择了总资产增长率（$Growth$）、企业资产负债率（Lev）与公司年龄（Age），此外考虑到行业与整体年限的影响，模型中还控制了行业与时间（以2004年为基期）。除此以外，在创始人董事与代理成本回归模型中加入高管薪酬（$Lnpay$）作为控制变量，在创始人董事与董事会出席情况回归时，还控制了高管薪酬对数变量（$Sala$）与独立董事地理距离变量（$Odbaf$）：用独立董事与上市公司工作地点一致性统计来衡量，1 = 相同，2 = 不同，每家公司一般聘请多位独立董事，如果一家公司中有多位独立董事，则只要有一人与上市公司注册地不同就算异地作为控制变量。

具体研究变量的代码及含义见表 7 – 2。

表 7 – 2   研究变量一览

变量类型	变量	代码	变量含义
因变量	代理成本	AC_1	管理费用/营业收入
		AC_2	营业收入/公司平均总资产
	高管薪酬	Lnpay	高管前三名薪酬总额
	CEO 更替	Ceot	总经理发生变更时，则该变量取值为 1，否则取值为 0
	董事会出勤	$Absent_1$	年度缺席人次/年度董事会会议总人次
		$Absent_2$	年度委托出席人次/年度董事会会议总人次
	董事会会议	Mt	董事会会议次数/年
		Osmt	董事会现场会议次数/年
		Temt	董事会通信会议次数/年
自变量	创始人董事	Foun_ dir	董事会中存在创始人董事取值为 1，否则取值为 0
控制变量	市场价值	Tobin's Q	Tobin's Q 比率 = 公司的市场价值/资产重置成本
	公司业绩	ROA	资产收益率（Return on Assets）
	独立董事地理距离	Odbaf	用独立董事与上市公司工作地点一致性统计来衡量，1 = 相同，2 = 不同，每家公司一般聘请多位独立董事，如果一家公司中有多位独立董事，则如果其中有一人和上市公司的注册地点不在一起即计为异地
控制变量	董事会规模	Bsize	董事会的人数规模
	董事会独立性	Outratio	独立董事的比例
	高管薪酬对数	Sala	前三位高管薪酬总和取对数

续表

变量类型	变量	代码	变量含义
	公司规模	*Size*	公司的总资产的对数，反映公司的规模
控制变量	资产负债率	*Lev*	表示公司总资产中有多少是通过负债筹集的，该指标是评价公司负债水平的综合指标
	总资产增长率	*Growth*	反映企业本期资产规模的增长情况
	公司年龄	*Age*	公司创建年限

三 变量的描述性统计

表7-3是对模型中主要变量的描述性统计列示，从中可以看出，在所有公司样本中，存在创始人董事的公司约占总体样本的33.4%。同时对各变量的样本量、平均值、标准差、最小值、最大值和中位数进行了列示。

表7-3 　　　　　　　主要变量的描述性统计

变量	样本数量	均值	标准差	最小值	中位数	最大值
AC_1	2953	72.248	61.629	0.14	60.23	1247.86
AC_2	2953	0.118	0.254	0.003	0.072	5.207
Lnpay	2953	13.564	0.799	10.307	13.565	16.107
Ceot	2953	0.074	0.262	0	0	1
$Absent_1$	2953	0.004	1.288	0	0	0.191
$Absent_2$	2953	0.029	1.7030	0	0	0.333
Mt	2953	9.396	3.610	2	9	35
Osmt	2953	6.073	4.084	0	5	35
Temt	2953	3.322	3.893	0	2	30
Foun_dir	2953	0.334	0.472	0	0	1
Tobin's Q	2953	2.206	13.645	0.607	1.522	14.462
ROA	2953	0.043	0.093	1.681	0.042	0.463
Odbaf	2953	1.614	0.486	1	2	2
Bsize	2953	5.539	1.314	2	6	16
Outratio	2953	0.585	0.131	0.125	0.5	1
*Top*1	2953	32.821	14.351	3.89	29.653	86.49

— 143 —

变量	样本数量	均值	标准差	最小值	中位数	最大值
Size	2953	21.204	0.942	17.071	21.108	24.814
Lev	2953	45.428	23.029	0.7	46.19	376.82
Growth	2953	20.148	48.098	-99.86	11.435	910.13
Age	2953	13.447	5.504	2	13	59

表7-4对创始人董事公司与非创始人董事公司的主要定义的指标进行了对比分析及 T 检验，从初步结果来看，创始人董事公司与非创始人董事公司在主要指标上的差异性较为显著。代理成本的替代变量管理费用率（AC_1）、总资产周转率（AC_2）、高管薪酬（Lnpay）、CEO 更替（Ceot）、董事会会议上董事缺席率（$Absent_1$）以及公司市场价值（Tobin's Q）、资产收益率（ROA）都表现出了显著的差异性。

表7-4　创始人董事公司与非创始人董事公司主要变量的对比

变量	(a) 所有公司		(b) 创始人董事公司		(c) 非创始人董事公司		Mean 差异	$T-stat$
	平均值	标准差	平均值	标准差	平均值	标准差	(b-c)	
AC_1	72.248	61.629	0.096	0.155	0.129	0.291	-0.033	-2.982***
AC_2	0.118	0.254	75.598	48.125	70.577	67.372	5.021	1.892*
Lnpay	13.564	0.799	13.783	0.778	13.453	0.787	0.33	-9.741***
Ceot	0.074	0.262	0.081	0.234	0.058	0.274	0.024	2.119**
$Absent_1$	0.004	1.288	0.002	0.761	0.006	1.483	-0.119	-2.135**
$Absent_2$	0.029	1.703	0.021	1.799	0.035	1.652	0.103	-1.404
Mt	9.396	3.610	9.327	3.523	9.431	3.654	-0.104	0.666
Osmt	6.073	4.084	6.031	3.965	6.093	4.144	-0.062	0.364
Temt	3.322	3.893	3.296	3.905	3.338	3.888	-0.042	0.235
Tobin's Q	0.334	0.472	2.699	23.491	1.958	1.584	0.741	1.258*
ROA	2.206	13.645	0.058	0.071	0.034	0.101	0.024	2.198*
Number	2593		1008		2585		—	—

为了对变量之间关系作进一步的分析，并避免多重共线性的影响，我们还对模型中主要变量进行了相关性分析，如表7-5所示。

表 7－5　主要变量的 Pearson 相关性检验

变量	Foun_dir	AC_1	AC_2	Lnpay	Ceot	$Absent_1$	$Absent_2$	Mt	Osmt	Temt	Bsize	Outratio	Top1	Lna	Lev	Growth
Bsize	0.07***	-0.1***	0.01	0.06***	-0.1***	0.10***	0.151	-0.03	-0.03	0.003	1					
Outratio	0.02	0.03*	-0.2***	0.01	0.03	-0.1**	-0.04	0.01	-0.1**	0.05***	-0.6***	1				
Top1	0.10***	-0.1***	0.08***	0.04**	-0.02	-0.1***	-0.01	0.03	0.009	0.01	-0.1***	0.05***	1			
Lna	0.16***	-0.2***	0.06***	0.41***	-0.2***	0.01	0.02	0.30***	0.08***	0.18***	0.12***	-0.03	0.16***	1		
Lev	-0.1***	0.06***	0.05**	-0.1***	0.06***	0.09***	0.10***	0.11***	0.07***	0.02	0.06***	-0.1**	-0.02	0.21***	1	
Growth	0.05***	-0.1***	0.08***	0.08***	0.01	-0.01	0.01	0.11***	0.04**	0.05***	0.01	0.001	0.14***	0.18***	0.09***	1
Bsize	-0.2***	0.01	-0.1***	0.03*	0.01	0.01	-0.1***	0.08**	-0.1**	0.11***	-0.1**	-0.01	-0.2***	0.05***	0.11***	-0.1**

注：*、**、***分别代表在10%、5%、1%的水平上显著。

第二节 计量回归结果与分析

本节内容根据前文设定的基础模型,我们进行了 OLS 回归分析,首先,检验创始人董事的监督有效性的体现,即创始人董事对代理成本的影响;其次,利用交叉项的方法检验了创始人董事对高管人员薪酬业绩敏感性的影响,以及创始人董事对 CEO 更替业绩敏感性的影响,来证实创始人董事对董事会激励职能有效性的影响;最后,以创始人董事和董事会出勤情况、董事会会议情况的关系,来检验创始人董事的存在对于董事会运作和行为的影响。

一 创始人董事对代理成本的影响

依据委托—代理理论,监督控制功能是董事会主要职能的具体体现,这一职能有效降低管理层的代理成本,最终能够实现对股东利益进行保护的目的。Burkart 等(2003)从投资者保护的视角出发对家族企业的亲缘关系进行了研究,其结果就表明在投资者保护较弱的环境中,家族成员担任高管有助于降低代理成本。[1] 王明琳和周生春(2006)的研究将家族企业区分为创业型家族企业和非创业型家族企业,研究结果表明创业型家族企业主要面临着业主和经理人之间的代理问题。[2] 同样,陈建林(2011,2012)在研究中选择代理成本的替代变量为管理费用率,在结果中指出代理成本在家族管理下的企业内较低,当有创业者参与的时候对代理成本影响更显著。[3][4] 所以本章采用创始人董事作为解释变量,采用总资产周转率

---

① Burkart M. , Panunzi F. , and Shleifer A. , "Family Firms", *Journal of Finance*, A-merican Finance Association, Vol. 58, No. 5, 2003, pp. 2167 – 2202.

② 王明琳、周生春:《控制性家族类型、双重三层委托代理问题与企业价值》,《管理世界》2006 年第 8 期, 第 83—93 页。

③ 陈建林:《利他主义、代理成本与家族企业成长》,《管理评论》2011 年第 9 期, 第 50—57 页。

④ 陈建林:《上市家族企业管理模式对代理成本的影响——代理理论和利他主义理论的争论和整合》,《管理评论》2012 年第 5 期, 第 53—59 页。

与管理费用率来衡量企业的代理成本，进行了 OLS 回归分析。从回归结果来看，创始人董事变量与代理成本——管理费用率在 10% 的水平下显著负相关，实证研究结果表明创始人董事涉入上市公司董事会中可以有效地降低与管理费用相关联的代理成本，从而起到了保护股东财富和正当权益的作用。创始人董事变量与代理成本——总资产周转率相关性不显著，但方向为正向（见表 7 - 6）。

表 7 - 6　　　　创始人董事与代理成本之间关系的检验

变量	因变量：代理成本	
	管理费用率（AC_1）	总资产周转率（AC_2）
Foun_ dir	- 0.00415 *	0.0432
	(- 0.37)	(0.02)
Bsize	- 0.0872 *	- 1.303
	(- 1.70)	(- 1.08)
Outratio	- 0.0183	- 21.87 *
	(- 0.03)	(- 1.85)
Top1	- 0.00144 ***	0.369 ***
	(- 3.89)	(4.23)
Sala	0.0725	11.87 ***
	(0.95)	(6.63)
Size	- 0.0519 ***	- 2.480 *
	(- 8.00)	(- 1.63)
Lev	0.0125 ***	0.230 ***
	(5.20)	(4.06)
Growth	- 0.0254 **	0.0624 **
	(- 2.35)	(2.45)
Age	- 0.0184 *	- 0.253
	(- 1.83)	(- 1.07)
Cons	1.227 ***	- 78.00 *
	(5.59)	(- 1.51)
Industry	Yes	Yes
Year	Yes	Yes
Adj. R^2	0.0993	0.1523
F	7.07 ***	11.52 ***
N	2953	2953

注：括号内数字为标准误，*、**、***分别代表在 10%、5%、1% 的水平上显著。

通过实证研究方法揭示了创始人董事对代理成本的影响，发现创始人董事存在的民营上市公司会对应较低的代理成本。这说明在民营企业的发展过程中，从控制代理成本角度出发，创始人的地位和权威可以有效地降低这一企业成本，从而也看出创始人董事存在于董事会中对经理层的监督效应会更强，这根源于创始人董事的存在，在经理人选择与监督上会与非创始人董事企业存在显著的差异。这一结论与 Ang 等（2000）[1]、王明琳和周生春（2006）[2] 等的研究结论基本相一致。

二 创始人董事对高管薪酬业绩敏感性的影响

在充分分析了代理人风险分担与公司治理机制因素的背景下，Harvey 和 Shrieves（2001）研究发现，经理人风险规避因素与公司治理机制对薪酬业绩敏感性存在很大的影响，大股东与外部董事的存在对薪酬业绩敏感性有显著的增强作用。[3] 相对于一般民营企业而言，存在创始人的企业中创始人往往作为管理层的核心存在，存在于董事会中，且他们有更高的意愿去监督高层管理人员的行为，这也会构成比较集中的控制权与管理权，如果各相关权利比较分散，就容易产生"搭便车"或反应迟缓的问题，所以当创始人董事存在时可能就会有较为明显的激励监督效果。

依据模型（7-2）与模型（7-3），本部分对创始人董事对高管薪酬的敏感性进行了 OLS 回归分析。从回归结果（见表7-7）看业绩指标公司价值（Tobin's Q）、财务业绩（ROA）与高管薪酬之间，在1%的水平下显著正相关，即高管薪酬随着公司市场价值和财务业绩的改善会有显著的提升。那么，考虑到创始人存在于董事会中这一特殊管理角色的影响，我们加入了创始人董事（Foun_

---

① Ang J. S., Cole R. A., and Lin J. W., "Agency Costs and Ownership Structure", *Journal of Finance*, Vol. 55, No. 1, 2000, pp. 81 – 106.

② 王明琳、周生春：《控制性家族类型、双重三层委托代理问题与企业价值》，《管理世界》2006 年第 8 期，第 83—93 页。

③ Harvey K. D., Shrieves R. E., "Executive Compensation Structure and Corporate Governance Choices", *Journal of Financial Research*, Vol. 24, No. 4, 2001, pp. 495 – 513.

dir）与公司业绩的交叉变量，来检验创始人董事（*Foun_ dir*）对高管薪酬敏感性的影响。在加入交叉项的模型回归结果中创始人董事（*Foun_ dir*）对公司价值（*Tobin's Q*）与高管薪酬（*Lnpay*）的调节系数为正，表明创始人董事对高管薪酬与公司市场价值的敏感性调节为加强作用；创始人董事（*Foun_ dir*）对高管薪酬（*Lnpay*）与财务业绩（*ROA*）的调节系数也为正，表明创始人董事对公司财务业绩与高管薪酬的敏感性调节为加强作用。以此为依据，我们可以看到，创始人董事的存在，能够在业绩好的时候及时地增加对高管层的薪酬激励，这体现出了创始人董事能够加强董事会治理效率。

表 7 - 7　　创始人董事对高管薪酬业绩敏感性影响的检验

变量	因变量：高管薪酬（*Lnpay*）			
Foun_ dir		0.214 ***		0.0960 ***
		(5.78)		(2.67)
Tobin's Q	0.0542 ***	0.0408 ***		
	(5.47)	(3.37)		
Foun_ dir × *Tobin's Q*		0.0358 ***		
		(2.96)		
ROA			1.210 ***	0.961 ***
			(6.58)	(4.83)
Foun_ dir × ROA				0.961 ***
				(2.61)
Bsize	0.0490 ***	0.0423 ***	0.0455 ***	0.0407 ***
	(3.55)	(3.08)	(3.31)	(2.96)
Outratio	0.246	0.187	0.222 *	0.184
	(1.82)	(1.39)	(1.64)	(1.37)
*Top*1	- 0.0226 *	- 0.0228 **	- 0.0240 **	- 0.0283 ***
	(- 2.27)	(- 2.28)	(- 2.41)	(- 2.86)
Size	0.335 ***	0.339 ***	0.298 ***	0.287 ***
	(20.71)	(19.45)	(18.07)	(17.29)
Lev	- 0.0302 ***	- 0.0320 ***	- 0.0083	- 0.0140
	(- 4.66)	(- 4.88)	(- 0.11)	(- 0.18)
Growth	0.0108	- 0.0114	- 0.0457	- 0.0448
	(0.37)	(- 0.38)	(- 1.51)	(- 1.49)

变量	因变量：高管薪酬（Lnpay）			
Age	− 0.0728 **	− 0.0659 **	− 0.0701 ***	− 0.0566 **
	（− 2.69）	（− 2.44）	（− 2.60）	（− 2.10）
Cons	5.055 ***	5.012 ***	5.746 ***	6.001 ***
	（8.75）	（8.46）	（9.92）	（10.35）
Industry	*Yes*	*Yes*	*Yes*	*Yes*
Year	*Yes*	*Yes*	*Yes*	*Yes*
Adj. R²	0.3373	0.3466	0.3410	0.3496
F	33.55 ***	33.10 ***	34.11 ***	33.53 ***
N	2953	2953	2953	2953

注：括号内数字为标准误，＊、＊＊、＊＊＊分别代表在 10%、5%、1% 的水平上显著。

三 创始人董事对 CEO 更替业绩敏感性的影响

依据前文设计的模型（7-4），因为 CEO 更替变量为虚拟变量，所以对部分模型采用了 Logit 回归分析方法进行回归分析。由表 7-8 中的结果可见，业绩指标公司价值（*Tobin's Q*）、财务业绩（*ROA*）与 CEO 更替之间在 10% 的水平下显著负相关，即在公司业绩越不好的情况下，CEO 越容易被更换。在加入交叉项进行回归的模型结果中，发现创始人董事的存在加大了 CEO 更替与公司业绩之间的敏感性，Chen 等（2006）检验了家族企业是否有不同的 CEO 更替行为，发现与非家族企业相比，在创始人担任 CEO 的家族企业中非家族 CEO 更替对业绩的敏感性更大。[①] 与以上研究相似，在创始人董事公司，CEO 更容易在公司业绩较差的情况下被更换。

公司当中存在创始人，这极大地干预了公司治理的结构与效果，也是我国民营企业成长当中一个特殊的现象，公司董事的创始人背景特征一直以来鲜有在相关研究中予以考虑，以上检验为今后国内 CEO 变更的研究提供了一个新的视角。创始人董事显著地增强了 CEO 更替的绩效敏感性，所以从另一角度，应该考虑到公司应当建

---

① Chen G., Firth M., Gao D. N., Rui O. M., "Ownership Structure, Corporate Governance, and Fraud：Evidence from China", *Journal of Corporate Finance*, Vol. 12, No. 3, 2006, pp. 424 - 448.

立健全公司治理机制及高效的人力资本遴选制度，用正式的治理制度来代替非正式制度的影响；另外，监管部门应有效监督上市公司的高管变更，并出台相应的政策措施使创始人身份在公司高管中能够得以有效识别，增加市场的透明度，进一步完善经理人市场。

表7-8　　创始人董事对 CEO 更替业绩敏感性影响的检验

变量	因变量：CEO 更替（$Ceot$）			
$Foun\_dir$		0.251*		0.131
		(0.58)		(0.67)
$Tobin's Q$	-0.140*	-0.123*		
	(-2.07)	(-1.87)		
$Foun\_dir \times$ $Tobin's Q$		-0.274*		
		(-1.18)		
ROA			-1.161*	-1.027**
			(-2.02)	(-1.92)
$Foun\_dir \times ROA$				-2.502*
				(-1.47)
$Bsize$	-0.0874	-0.0792	-0.0783	-0.0736
	(-1.05)	(-0.94)	(-0.94)	(-0.88)
$Outratio$	0.425	0.509	0.463	0.476
	(0.54)	(0.65)	(0.60)	(0.61)
$Top1$	-0.0828	-0.0817	-0.0671	-0.0578
	(-1.34)	(-1.32)	(-1.11)	(-0.95)
$Size$	-0.309**	-0.293***	-0.156	-0.140
	(-2.95)	(-2.77)	(-1.67)	(-1.48)
Lev	0.0116***	0.0111***	0.00337	0.00309
	(3.72)	(3.57)	(0.86)	(0.80)
$Growth$	0.0172	0.0157	0.0141	0.0151
	(1.17)	(1.08)	(0.99)	(1.09)
Age	-0.0157	-0.0386	-0.00782	-0.0305
	(-0.10)	(-0.25)	(-0.05)	(-0.20)

续表

变量	因变量：CEO 更替（Ceot）			
Cons	-10.39 （-1.21）	-10.77 （2.11）	-13.36 （1.31）	-13.68 （1.22）
Industry	Yes	Yes	Yes	Yes
Year	Yes	Yes	Yes	Yes
PaeudoR²	0.0416	0.0439	0.0413	0.0436
Chi（2）	53.02***	56.10***	52.63***	56.01***
N	2953	2953	2953	2953

注：括号内数字为 Z 值，*、**、***分别代表在 10%、5%、1%的水平上显著。

四 创始人董事对董事会行为的影响

参考 Adams 和 Ferreira（2008）[①] 的研究，在有关董事会上董事出席的影响因素提供了唯一的大样本研究，他们使用 1996—2003 年之间的样本数据，发现当董事会会议费用较高时董事会不太可能在董事会会议出席的问题（很少有董事的出勤率小于 75%）。马连福和石晓飞（2014）的研究认为，在上市公司中董事会会议分为董事会通信会议与董事会现场会议，通信会议与现场会议的实际影响不同，通信会议频率过高会对之后的公司业绩有不利的影响，而采取的现场会议较多的情况下，其后公司业绩会有所改善。[②]

依据以上，在创始人董事与董事会出席情况回归时，还控制了高管薪酬变量（Lnpay）与独立董事地理距离变量（Odbaf）：用独立董事与上市公司工作地点一致性统计来衡量，1 = 相同，2 = 不同，每家公司一般聘请多位独立董事，如果一家公司中有多位独立董事，则只要有一人与上市公司注册地不同就算异地作为控制变量。应用模型（7 - 6）与模型（7 - 7）检验了创始人董事对董事会

---

① Adams R. B., Ferreira D., "Do Directors Perform for Pay?", *Journal of Accounting and Economics*, Vol. 46, No. 1, 2008, pp. 154 - 171.

② 马连福、石晓飞：《董事会会议"形"与"实"的权衡》，《中国工业经济》2014 年第 1 期，第 88—100 页。

的出席以及董事会会议情况的影响，从检验结果（见表 7 – 9）可见，创始人董事（$Foun\_dir$）与董事会会议次数（Mt）在 1% 的水平下显著负相关，创始人董事（$Foun\_dir$）和董事会通信会议次数（$Temt$）在 5% 的水平下显著负相关，创始人董事（$Foun\_dir$）与董事会现场会议次数（$Osmt$）正相关但不显著，这表明与非创始人董事公司相比，创始人董事的存在的公司会选择较少的董事会次数，而且对通信会议的频率也会有所抑制，对现场会议的影响不显著。创始人董事（$Foun\_dir$）与董事缺席率（$Absent_1$）之间在 5% 的水平下显著负相关，与董事会委托出席情况之间相关性不显著，与 Li 和 Srinivasan（2011）在其研究中用样本数据证实的，相比于没有创始人董事存在的公司，存在创始人董事的公司会有更好的董事会决议、董事会成员有更勤奋的表现、创始人董事能够更有效地监督董事会的结论相一致。[①] 以上基于民营上市公司数据的检验，一方面说明民营企业中存在创始人董事的公司，董事会会议上董事有更加积极的出勤表现，能有保证董事会会议的召开和决策事项的最终决议，这可能是因为创始人董事的存在促进了董事会监督职能的发挥，创始人董事能够影响到其他董事的行为或是创始人董事能够为公司董事会选择更为勤奋的董事；另一方面也说明创始人董事更倾向于能够充分沟通且价值效应更高的现场会议形式来召开董事会会议，从而来保证董事会决策的质量。

表 7 – 9　　　　创始人董事对董事会出勤情况影响的检验

变量	因变量：董事会会议情况			因变量：董事会出勤情况	
	会议次数（Mt）	通信会议（$Temt$）	现场会议（$Osmt$）	缺席率（$Absent_1$）	委托出席率（$Absent_2$）
$Foun\_dir$	– 0.460 ***	– 0.307 **	0.153	– 0.111 **	0.0715
	（– 3.00）	（– 1.93）	（0.93）	（– 1.93）	（0.94）
$Bsize$	– 0.183 ***	0.218 ****	– 0.401 ***	0.107 ***	0.252 ***
	（– 2.61）	（3.00）	（– 5.35）	（4.06）	（7.19）

---

① Li F. , Srinivasan S. , "Corporate Governance When Founders Are Directors", *Journal of Financial Economics*, Vol. 102, No. 2, 2011, pp. 454 – 469.

续表

变量	因变量：董事会会议情况			因变量：董事会出勤情况	
	会议次数 （Mt）	通信会议 （Temt）	现场会议 （Osmt）	缺席率 （$Absent_1$）	委托出席率 （$Absent_2$）
Outratio	− 0.668	2.240 ****	− 2.909 ***	0.523 **	1.349 ***
	（− 0.98）	（3.15）	（− 3.97）	（2.03）	（3.94）
Top1	− 0.0397	− 0.0490	0.00927	− 0.0343 *	0.0104
	（− 0.79）	（− 0.93）	（0.17）	（− 1.80）	（0.41）
Odbaf	0.123 *	0.116 *	0.214 *	− 0.00490	− 0.00755
	（1.71）	（1.92）	（2.11）	（− 0.09）	（− 0.10）
Sala	0.103	0.400 ***	− 0.296 ***	0.0815 **	0.0961 *
	（1.00）	（3.71）	（− 2.67）	（2.09）	（1.85）
Size	1.093 ***	0.349 ***	0.744 ***	0.00800	− 0.0187
	（12.38）	（3.81）	（7.87）	（0.24）	（− 0.42）
Lev	0.0756 **	0.0597 *	0.0159	0.0216 *	0.0512 ***
	（2.30）	（1.75）	（0.45）	（1.75）	（3.13）
Growth	0.0340 **	0.0214	0.0125	− 0.00613	− 0.0237
	（2.31）	（1.40）	（0.80）	（− 0.01）	（− 0.32）
Age	0.0998	0.0236 *	− 0.0226	0.0875 *	− 0.0691
	（0.07）	（1.66）	（− 1.54）	（1.70）	（− 1.01）
Cons	− 14.19 ***	− 10.51 ***	− 3.685	− 2.018 *	− 0.535
	（− 4.75）	（− 3.39）	（− 1.15）	（− 1.78）	（− 0.36）
Industry	Yes	Yes	Yes	Yes	Yes
Year	Yes	Yes	Yes	Yes	Yes
Adj. R^2	0.2592	0.2323	0.2595	0.0796	0.738
F 值	23.74 ***	19.40 ***	22.47 ***	5.39 ***	4.97 ***
N	2953	2953	2953	2953	2953

注：括号内数字为标准误，*、**、***分别代表在10%、5%、1%的水平上显著。

五 稳健性检验

本章所进行的回归方程较多，进行了代理成本、高管薪酬、CEO 更替与董事会行为四个方面的模型检验，为进一步检验以上结论的稳健性，首先，因为前两年的样本财务数据缺失较多，所以我们在回归数据的基础上减少了 2004 年、2005 年的样本；其次，在回归方程中应用的业绩指标，我们采用每股收益进行更换，每股基本收益指税后利润与股份总数之比，这是衡量股票投资价值的重要指标之一，也是对每股价值进行分析的一个基础性指标，从综合层面也反映了公司的获利能力，因此选择每股基本收益（EPS）指标作为衡量公司业绩的变量指标；最后，在非平衡面板数据的基础上我们采用了面板数据的随机效应结果［我们对面板数据进行了固定效应与随机效应检验，对其结果进行了 Hausman 检验，进一步进行了 B－P 检验，且 Mundlak（1978）① 指出，一般情况下，我们都应当把个体效应视为随机的，所以才采用了随机效应的检验结果］。检验结果如表 7－10 所示，检验结果与之前结论无显著性差异。

表 7－10　　　　　　　　　稳健性检验

变量	因变量				
	管理费用率 (AC₁)	高管薪酬 (Lnpay)	CEO 更替 (Ceot)	通信会议 (Temt)	缺席率 (Absent₁)
$Foun\_dir$	− 0.00430 (− 0.47)	0.134 *** (3.88)	0.101 * (0.26)	− 0.401 ** (− 2.59)	− 0.0961 * (− 0.79)
$Foun\_dir ×$ EPS		0.122 * (2.26)	− 0.211 * (− 0.99)		
EPS		0.191 *** (5.47)	− 0.231 * (− 0.87)		
$Bsize$	− 0.00868 * (− 2.02)	0.0328 * (2.46)	− 0.0792 (− 0.62)	0.0872 (1.19)	0.180 ** (3.13)
$Outratio$	0.0139 (0.33)	0.327 * (2.51)	0.361 (0.77)	2.250 ** (3.16)	− 0.0563 (− 0.10)
$Top1$	− 0.0117 *** (− 3.90)	− 0.0228 * (− 2.45)	− 0.0791 (− 1.55)	0.0620 (0.12)	− 0.0649 (− 1.61)
$Odbaf$				0.394 ** (2.67)	0.137 (1.18)
$Sala$	0.0118 (1.91)			0.810 *** (8.10)	− 0.237 ** (− 3.01)

————————————

① Mundlak Y., "On the Pooling of Time Series and Cross－section Data", *Econometrica*, Vol. 46, No. 1, 1978, pp. 69－85.

变量	因变量				
	管理费用率 （AC_1）	高管薪酬 （Lnpay）	CEO更替 （Ceot）	通信会议 （Temt）	缺席率 （$Absent_1$）
Size	-0.0452 *** （-8.61）	0.326 *** （20.49）	-0.193 *** （-1.98）	0.595 *** （6.71）	-0.105 （-1.50）
Lev	0.0112 *** （5.56）	-0.0340 *** （-4.86）	0.021 *** （1.76）	0.0157 （0.48）	0.0144 *** （5.53）
Growth	-0.0180 * （-2.11）	-0.0319 （-1.17）	0.022 （2.01）	0.0593 （0.41）	-0.0222 （-1.95）
Age	0.00521 （0.07）	0.00563 * （2.33）	-0.0241 （-0.71）	0.0754 *** （5.72）	-0.0519 （-0.50）
Cons	0.929 *** （8.22）	6.365 *** （19.11）	-5.62 * （1.72）	-23.65 *** （-12.73）	4.672 ** （3.19）
R^2	0.0795	0.2392	0.1523	0.1384	0.0292
Chi（2）	16.39 ***	924.89 ***	257.13 ***	268.96 ***	88.29 ***
N	2787	2787	2787	2787	2787

注：括号内数字为标准误，*、**、***分别代表在10%、5%、1%的水平上显著。

本章小结

本章的主要研究问题即创始人董事对董事会治理有效性的影响，我们主要从四个方面进行了检验。首先，检验了创始人董事对公司代理成本的影响；其次，检验了创始人董事对高管薪酬业绩敏感性的影响；再次，从CEO更替的角度检验了创始人董事对董事会有效性执行效率的影响；最后，从董事会行为表现上，检验了创始人董事与董事会出勤、董事会会议情况的关系。从结果中我们看到创始人董事的存在能有效降低代理成本，即创始人董事的存在有利于董事会监督有效性的提升；在存在创始人董事的公司中，高管薪酬对于业绩的变化更为敏感，即创始人董事的存在提升了董事会对高管激励的反应能力，也反映出创始人董事更加关注业绩的变化与经理人的业绩结果指标。同样，在业绩表现差的情况下，创始人董事的存在也加大了 CEO 更替对业绩的敏感性，表现出创始人的存在能够在业绩不良的情况下更快地使不合格的经理人员被更换，这也是董事会治理有效性的体现；在董事会行为方面，创始人董事的存在使董事会更偏向于应用有效性较强的现场会议方式召开董事会会议，同时因为创始人董事的存在，在董事会议上的董事能够有更好的出勤率，也就是表现得更加勤奋，这一方面说明创始人董事能够对董事会的其他成员有行为上的影响；另一方面也说明创始人董事更倾向于为公司的发展选择更为勤奋、尽职的董事。

本章中我们的研究结论有助于拓展我国上市公司中创始人对企业影响的研究，创始人对企业的影响不只是停留在之前研究所得出的超额收益（即价值贡献）上，更深入地体现在提升董事会的监督有效性和执行效率上，也从侧面体现出创始人对公司治理中重要治理机构——董事会的影响和控制上，充分显示出在民营上市公司中创始人影响公司治理及公司价值的内在路径。

第八章　研究结论及展望

本章内容为全书最后一个部分，在本章中对全书的研究结果与发现将进行最终的归纳与总结，在此基础上，得出相关结论的研究启示。之后分析本书研究当中存在的不足之处，指出在相关内容方面进一步研究的方向。

第一节　研究结论及启示

一　研究结论

民营企业在我国经济发展中占有重要的地位，企业的创立者是伴随企业成长最典型的一类管理者，本书通过分析创始人存在于民营上市公司中，检验了其对企业的价值影响和治理影响，试图得出创始人治理效应形成的基本路径与效果，并利用搜集的数据和科学的研究方法进行了验证。在本书中得到的主要结论如下：

第一，明确了我国民营上市公司中创始人对公司价值带来的影响，特别是创始人对公司治理水平的作用机制，显示出创始人在企业公司治理中的重要性。也体现出创始人通过决策权的控制，来掌握公司的发展方向。并发现创始人对公司治理水平和公司价值有显著的提升作用，而且创始人作为不同管理角色时的影响存在一定的差异性。

第二，对公司治理水平在创始人与公司价值之间的中介作用进行了验证，创始人的干预经公司治理水平影响公司价值，最终体现在公司的市场价值上，这揭示出创始人影响力的作用路径，创始人的影响首先作用于企业公司治理上，良好的公司治理有利于承载这些影响力，这为创始人的相关政策制定与企业的传承提供了有益的参考。

第三，在以上的研究基础上，本书进一步细分了创始人以不同角色参与企业管理的情况，并进一步检验了创始人董事及创始人董事特征对公司价值的影响，创始人董事存在于董事会中对应更好的公司价值，这种影响会随着企业规模的扩大和生命的延续逐渐弱化。创始人董事较好的教育背景、专业水平和政治关联能够显著支撑创始人的影响力，均有助于公司价值的提升，且随创始人董事年龄的增长创始人董事的影响也会逐渐弱化。

第四，创始人作为一个特殊的治理角色，存在于民营企业的治理结构中，构成了独具特色的"创始人治理"效应。在分析其对董事会有效性相关变量的影响上，创始人对于董事会有效性的提升具有一定的贡献，这主要表现在创始人董事的存在能够显著降低代理成本，并能够使高管薪酬对业绩的敏感性更强，也能够在业绩不好的时候使 CEO 得到及时的更换，并且创始人董事存在的情况下显著提升了董事会的运作效率，主要体现在更好的董事出勤情况和董事会会议形式的选择上。

二 研究启示

以上研究明晰了创始人对公司治理与公司价值的影响，进一步剖析了创始人存在于董事会中对董事会治理有效性的贡献。结合以上结论，我们有以下几点启示：

（1）民营上市公司中创始人的存在有助于提升企业价值，自企业创立，创始人便在企业中担任着重要的管理角色，对企业的决策与战略发展起着重要作用。伴随着企业的成长，创始人的行业与管理经验等都在积累，从而提升了创始人自身的管理能力与决策经验，这将有利于企业的进一步成长。创始人往往存在于公司治理结构的关键岗位，为规避风险、科学化的决策和健康的发展一定会努力完善公司治理机制，这也是创始人作用的有效体现。

（2）创始人董事特征的研究有助于厘清创始人自身特质对企业

的影响，从侧面也看到创始人能够以更好的教育背景、专业水平与政治关联为其影响力带来更好的支撑，也体现了创始人对企业的影响从特质上的优势性。从另一层面也体现出创始人从自身特质上有可传承性与不可传承性之分，教育背景、专业水平是可以通过后天的努力得到和提升的；然而政治关联要靠长久的经营和铺垫，更多的政治诉求才能得到满足，且在企业传承之际这些政治关系不可能很简单得到传承；更典型的是创始人的年龄特征，自然规律难以违抗，而且伴随年龄增长所积累的经验更是不可能一蹴而就的。基于以上分析，可见企业传承过程的诸多问题可能就源于这些对企业延续和成长非常必要的特质并没有随着权力的交接而完成传递，而是随着创始人的离开被带走，这也可能是传承中出现问题的一方面根源。

（3）合理利用政治资源，在转型时期我国政府部门对诸多资源都拥有控制和支配的权力，资源依赖理论认为资源获取能力才是企业成长的支撑，民营企业的管理者为了得到政府所支配资源的支持就必须与其建立一定的联系，这也就是我们所说的政治关联。在现实中，双面的影响存在于企业价值和民营企业政治关联之间，一方面政治关联能够为企业的发展提供资源支持，这显然对企业的生存和发展具有极大的促进作用，从而显著地促进民营企业价值的提升；另一方面，没有相应的成本付出是得不来这些政治层面的联系的，而且在反腐倡廉的今天很多的企业因为政治关联被牵涉到各个事件中，对企业的发展构成了极大的风险。所以说民营企业的政治关联是一把"双刃剑"，在合理利用的同时也要防范其所带来的风险，从而保证其对企业价值的正向促进作用。以我们的结论来看，民营上市公司中创始人存在政治关联会显著提升公司业绩水平。所以在现有环境下，在民营上市公司的经营活动中应该以良好的政治形象为基础，创始人采取一定方式与政府机构保持有效的关系和沟通渠道，这将为企业稳定发展营造出良好的支撑环境，保证了企业所需资源的供应和政策上的支持，从而对于企业价值和企业的发展起到良好的促进作用。

（4）从企业发展的进程来看，已经由所有者与经营者合一的企业时代发展到了以两权分离为特征的现代企业为主的时代，创始人的能力、经验与技巧等重要的方面可能已不再符合社会化生产时代需求，他们终将要离开所创立的企业，将经营和管理的权力交给职业经理人或后备的管理人才，而只是掌握着企业的控股权力，这是任何企业所不可逆转的一个必然趋势。且随着企业的自身发展，随着创始人年龄的增长，企业的权力交接是一个必然的过程。我们也可以从创始人年龄特征上看到这种趋势，创始人的年龄也意味着企业家拥有的风险倾向和阅历处于不同的阶段，这也势必将对企业家的战略选择和战略观点造成影响。大量研究表明管理者的认知是和年龄紧密相连的，年龄的增长意味着管理者的部分认知能力在逐渐弱化，变通能力降低、知识结构老化等问题会相继出现，害怕变革甚至害怕改变一些常规的流程，在信心上也不如前，势必会影响到做出的决策。所以更愿意承担风险的是年轻的管理者，而倾向于规避风险的往往是年长的管理者。根据本书实证分析，创始人随年龄的增长，会有一个对市场价值的影响从促进到牵制的转变，所以创始人适时地交出权力，对企业的延续发展有着重要的意义。

（5）创始人企业的公司治理面临着双重代理的问题，第一重是创始人或创业家族和经理人之间的代理问题；第二重是创始人或创业家族和大众股东之间的代理问题（Almeida & Wolfenzon，2006[①]；Villalonga & Amit，2006[②]；李新春等，2008[③]）。从创始人对董事会治理有效性的影响可以看到，创始人董事在董事会治理当中能够显著地降低代理成本，从而有效地缓解第一重代理问题，而且创始人对董事会治理存在正向的价值效应，这也说明能够在第二重代理上

---

① Almeida H. V. , Wolfenzon D. , "A Theory of Pyramidal Ownership and Family Business Groups", *The Journal of Finance*, Vol, 61, No. 6, 2006, pp. 2637 – 2680.

② Villalonga B. , Amit R. , "How Do Family Ownership, Control, and Management Affect Firm Value?", *Journal of Financial Economics*, Vol, 80, No. 2, 2006, pp. 385 – 417.

③ 李新春、何轩、陈文婷：《战略创业与家族企业创业精神的传承——基于百年老字号李锦记的案例研究》，《管理世界》2008 年第 10 期，第 127—140 页。

维护创始人或创业家族与大股东共同利益的实现，从而弱化第二类代理之间的矛盾。

第二节　研究局限与展望

一　研究局限

因为研究能力有限，研究条件与数据获取也有一定的局限性，所以本书在研究过程中存在诸多的局限性和不足，希望在以后的研究中能够得到克服，在更加完善的条件和方法下去完成。

对创始人的衡量本书以上市公司招股说明书、上市公司年报、上市公司网站以及互联网百度搜索和谷歌搜索为支撑，单纯地依据有标识和陈述的文字信息来进行确认，会存在一定的遗漏；另外，参考外文文献，对创始人的界定有进一步的拓展，例如：公司的第一届高层管理者、公司上市时的当届管理人员，在研究中也被认为与创始人管理者具有一样的属性，这些角色的丰富确实可能会有新的结论或研究突破。

对于董事会治理有效性的影响的分析，主要在明晰了创始人影响公司治理与公司价值的路径，进行了对董事会有效性影响的分析，在有效性的体现上主要是从价值效应、监督效应、行为效应上来进行的，除此之外，董事会有效性还体现在建议职能、资源获取、战略职能等方面，这需要我们进一步地进行探讨和验证。

对于所获得的研究数据，由于部分基础数据和财务数据在数据库缺失，导致删除了部分数据，虽然采用了手工查询年报进行了弥补，但仍存在一定数量未补齐，所以从数据完善度上也有待进一步提高。

二　研究展望

在本书的研究中做了一些初步探索性的研究，在民营企业创始人与企业成长之间的研究依旧存在诸多可以进一步研究的领域。在本书写作中，对以下问题有意愿进一步地深入探讨和验证，现总结如下：

首先，我国正处于经济转轨时期，创始人治理这种非正式的制度规则发挥着更加直接的作用，对企业的影响体现得更加显著，这种民营企业中非正式制度与正式制度之间的互动关系有待揭示。

其次，创始人影响力的根源，如创始人对企业的影响的权威构成因素以及这些因素如何影响企业的具体行为，在我国这一特定的历史阶段与市场环境下，对创始人特质及创始人在企业成长中形成的经验等方面有待进一步地分析和探索。

再次，当企业进入到正规化发展阶段，外部市场环境进一步完善的前提下，创始人所创立的企业逐渐成长为现代公司制的企业，创始人退出企业经营管理的舞台就成了不以人的意志为转移的规律。当规律演变成现实后，企业经营管理大舞台上的主角也就转由职业经理人来主导了，进而也就产生了创始人与职业经理人之间的权与利的权衡，这一问题也具有深刻的研究意义。

最后，我国第一代家族企业创始人和管理权威都已渐入暮年，企业代际传承迫在眉睫，以及创始人何时以何种方式退出企业的管理等问题均有待解决，从这些角度入手将可能得到更有价值的发现。

在我国的特殊国情下，对于创始人的研究远不止以上的验证与分析，需要进一步地深入挖掘和广泛探讨。

参考文献

[1] 白重恩、刘俏、陆洲、宋敏、张俊喜：《中国上市公司治理结构的实证研究》，《经济研究》2005 年第 2 期。

[2] 陈传明：《"内部人控制"成因的管理学思考》，《中国工业经济》1997 年第 11 期。

[3] 陈建林：《利他主义、代理成本与家族企业成长》，《管理评论》2011 年第 9 期。

[4] 陈建林：《上市家族企业管理模式对代理成本的影响——代理理论和利他主义理论的争论和整合》，《管理评论》2012 年第 5 期。

[5] 陈钊、陆铭、何俊志：《权势与企业家参政议政》，《世界经济》2008 年第 6 期。

[6] 范博宏：《关键世代——走出华人家族企业传承之困》，东方出版社 2012 年版。

[7] 冯天丽、井润田：《制度环境与私营企业家政治联系意愿的实证研究》，《管理世界》2009 年第 8 期。

[8] 谷棋、于东智：《公司治理行为与经营绩效》，《财经问题研究》2001 年第 1 期。

[9] 何家成：《公司治理——治理案例的国际比较》，经济科学出版社 2004 年版。

[10] 何浚：《上市公司治理结构的实证分析》，《经济研究》1998 年第 5 期。

[11] 何平：《公司治理对财务困境作用机理的计量分析》，博士学位论文，吉林大学，2007 年。

［12］何威风、刘启亮：《我国上市公司高管背景特征与财务重述行为研究》，《管理世界》2010 年第 7 期。

［13］贺小刚、连燕玲：《家族权威与企业价值：基于家族上市公司的实证研究》，《经济研究》2009 年第 4 期。

［14］贺小刚、沈瑜、连燕玲：《企业家社会关系与高科技企业的成长》，《经济管理》2006 年第 15 期。

［15］贺小刚、燕琼琼、梅琳、李婧：《创始人离任中的权力交接模式与企业成长》，《中国工业经济》2011 年第 10 期。

［16］贺小刚、张远飞、梅琳：《创始人离任对企业成长的影响分析》，《管理学报》2013 年第 6 期。

［17］雷光勇、李帆、金鑫：《股权分置改革、经理薪酬与会计业绩敏感度》，《中国会计评论》2010 年第 3 期。

［18］李常青、赖建清：《董事会特征影响公司绩效吗？》，《金融研究》2004 年第 5 期。

［19］李东明、邓世强：《上市公司董事会结构、职能的实证研究》，《证券市场导报》1999 年第 10 期。

［20］李东平、黄德华、王振林：《不清洁审计意见、盈余管理与会计师事务所变更》，《会计研究》2001 年第 6 期。

［21］李维安、牛建波、宋笑扬：《董事会治理研究的理论根源及研究脉络评析》，《南开管理评论》2009 年第 12 期。

［22］李维安、孙文：《董事会治理对公司绩效累积效应的实证研究》，《中国工业经济》2007 年第 12 期。

［23］李维安、张耀伟：《中国上市公司董事会治理评价实证研究》，《当代经济科学》2005 年第 1 期。

［24］李维安等：《公司治理评价与指数研究》，高等教育出版社2005 年版。

［25］李新春、何轩、陈文婷：《战略创业与家族企业创业精神的传承——基于百年老字号李锦记的案例研究》，《管理世界》2008 年第 10 期。

［26］李新春、苏琦、董文卓：《公司治理与企业家精神》，《经济

研究》2006 年第 2 期。

[27] 李有根、赵西萍等：《上市公司的董事会构成和公司绩效研究》，《中国工业经济》2001 年第 5 期。

[28] 李增泉：《激励机制与企业绩效一项基于上市公司的实证研究》，《会计研究》2000 年第 1 期。

[29] 刘胜军：《会计操纵问题研究》，《证券市场导报》2002 年第 5 期。

[30] 罗党论、唐清泉：《政治关系、社会资本与政策资源获取：来自中国民营上市公司的经验证据》，《世界经济》2009 年第 7 期。

[31] 吕长江、王克敏：《上市公司资本结构、股利分配及管理股权比例相互作用机制研究》，《会计研究》2002 年第 3 期。

[32] 马连福、曹春方：《制度环境、地方政府干预、公司治理与 IPO 募集资金投向变更》，《管理世界》2011 年第 5 期。

[33] 马连福、高楠：《股权结构、境外背景独立董事与公司绩效——来自沪市上市公司的证据》，《山西财经大学学报》2011 年第 9 期。

[34] 马连福、石晓飞：《董事会会议"形"与"实"的权衡》，《中国工业经济》2014 年第 1 期。

[35] 马连福、王元芳、沈小秀：《我国国有企业党组织治理效应研究——基于"内部人控制"的视角》，《中国工业经济》2012 年第 8 期。

[36] 马连福、张耀伟：《董事会治理评价指数实证研究》，《经济与管理研究》2004 年第 5 期。

[37] 马连福：《公司治理评价中的董事会治理评价指标体系设置研究》，《南开管理评论》2003 年第 6 期。

[38] 梅琳、贺小刚、李婧：《创始人渐进退出还是激进退出？——对创业家族企业的实证分析》，《经济管理》2012 年第 1 期。

[39] 南开大学公司治理评价课题组、李维安、程新生：《中国公司治理评价与指数报告——基于 2007 年 1162 家上市公司》，

《管理世界》2008 年第 1 期。

［40］牛建波、李胜楠：《控股股东两权偏离、董事会行为与企业价值：基于中国民营上市公司面板数据的比较研究》，《南开管理评论》2007 年第 2 期。

［41］钱锡红、徐万里、李孔岳：《企业家三维关系网络与企业成长研究——基于珠三角私营企业的实证》，《中国工业经济》2009 年第 1 期。

［42］瞿旭、杨丹、瞿彦卿、苏斌：《创始人保护、替罪羊与连坐效应——基于会计违规背景下的高管变更研究》，《管理世界》2011 年第 5 期。

［43］邵少敏：《我国独立董事制度：理论分析和实证研究》，博士学位论文，浙江大学，2004 年。

［44］宋力、韩亮亮：《大股东持股比例对代理成本影响的实证分析》，《南开管理评论》2005 年第 1 期。

［45］宋增基、徐叶琴、张宗益：《董事报酬、独立性与公司治理》，《当代经济科学》2008 年第 2 期。

［46］孙永祥、黄祖辉：《上市公司的股权结构与绩效》，《经济研究》1999 年第 12 期。

［47］孙永祥、章融：《董事会规模，公司治理与绩效》，《企业经济》2000 年第 10 期。

［48］孙永祥：《公司治理结构：理论与实证研究》，上海三联书店2002 年版。

［49］孙永祥：《所有权、融资结构与公司治理机制》，《经济研究》2001 年第 1 期。

［50］孙铮、姜秀华、任强：《治理结构与公司业绩的相关性研究》，《财经研究》2001 年第 4 期。

［51］王克敏、陈井勇：《股权结构、投资者保护与公司绩效》，《管理世界》2004 年第 7 期。

［52］王克敏、王志超：《高管控制权、报酬与盈余管理——基于中国上市公司的实证研究》，《管理世界》2007 年第 7 期。

［53］王明琳、陈凌、叶长兵：《中国民营上市公司的家族治理与企业价值》，《南开管理评论》2010 年第 2 期。

［54］王明琳、周生春：《控制性家族类型、双重三层委托代理问题与企业价值》，《管理世界》2006 年第 8 期。

［55］王天习：《公司治理与独立董事研究》，中国法制出版社 2005 年版。

［56］王跃堂、赵子夜、魏晓雁：《董事会独立性是否影响公司绩效》，《经济研究》2006 年第 5 期。

［57］王跃堂：《独立董事制度的有效性：基于自愿设立独立董事行为的初步评价》，《经济科学》2003 年第 2 期。

［58］魏刚：《高级管理层激励与上市公司经营绩效》，《经济研究》2000 年第 3 期。

［59］温忠麟、张雷、侯杰泰、刘红云：《中介效应检验程序及其应用》，《心理学报》2004 年第 5 期。

［60］吴淑琨、柏杰、席酉民：《董事长与总经理两职的分离与合一——中国上市公司实证分析》，《经济研究》1998 年第 8 期。

［61］吴淑琨、刘忠明、范建强：《非执行董事与公司绩效的实证研究》，《中国工业经济》2001 年第 9 期。

［62］吴淑琨：《股权结构与公司绩效的 U 型关系研究——1997—2000 年上市公司的实证研究》，《中国工业经济》2002 年第 1 期。

［63］吴水澎：《公司董事会、监事会效率与内控机制研究》，中国财政经济出版社 2005 年版。

［64］夏立军、郭建展、陆铭：《企业家"政由己出"——民营 IPO 公司创始人管理、市场环境与公司业绩》，《管理世界》2012 年第 9 期。

［65］向凯：《盈余质量与公司现金持有——来自我国证券市场的经验证据》，《中央财经大学学报》2009 年第 7 期。

［66］谢永珍：《董事会治理评价研究》，高等教育出版社 2006

年版。

[67] 徐细雄、刘星：《创始人权威、控制权配置与家族企业治理转型》，《中国工业经济》2012 年第 2 期。

[68] 薛祖云、黄彤：《董事会、监事会制度特征与会计信息质量——来自中国资本市场的经验分析》，《财经理论与实践》2004 年第 4 期。

[69] 杨其静：《政治关联与企业成长》，《教学与研究》2010 年第 6 期。

[70] 叶康涛、祝继高、陆正飞、张然：《独立董事的独立性：基于董事会投票的证据》，《经济研究》2011 年第 1 期。

[71] 于东辉、于东智：《董事的持股权、公司治理与绩效：理论与经验》，《烟台大学学报》（哲学社会科学版）2003 年第 4 期。

[72] 于东智：《董事会、公司治理与绩效——对中国上市公司的经验分析》，《中国社会科学》2003 年第 3 期。

[73] 仲继银：《董事会的会议、信息与沟通》，《董事会》2008 年第 2 期。

[74] 仲继银：《董事会与公司治理》，中国发展出版社 2008 年版。

[75] 朱治龙、王丽：《上市公司经营者个性特征与公司绩效的相关性实证研究》，《财经理论与实践》2004 年第 3 期。

[76] Adams R. B., Almeida H., Ferreira D., "Understanding the Relationship Between Founder – CEOs and Firm Performance", *Journal of Empirical Finance*, Vol. 16, No. 1, 2009.

[77] Adams R. B., Ferreira D., "A Theory of Friendly Boards", *Journal of Finance*, Vol. 62, No. 3, 2007.

[78] Adams R. B., Ferreira D., "Do Directors Perform for Pay?", *Journal of Accounting and Economics*, Vol. 46, No. 1, 2008.

[79] Adams R., What Do Boards Do? ——Evidence from Board Committee and Director Compensation Data, Working Paper, Stockholm School of Economics, 2005.

[80] Adizes I., *Corporate Life Cycles：How and Why Corporations Grow*

and Die, and What to Do About It, Prentice – Hall: Englewood
Cliffs, NJ, 1989.

[81] Aldricn H. , *Organizations and Environments*, Englewood Cliffs,
NJ: Prentice Hall, 1979.

[82] Allen, Qian, and Qian M. , "Law, Finance, and Economic
Growth in China", *Journal of Financial Economics*, Vol. 77,
No. 1, 2005.

[83] Almeida H. V. , Wolfenzon D. , "A Theory of Pyramidal Owner-
ship and Family Business Groups", *The Journal of Finance*,
Vol. 61, No. 6, 2006.

[84] Anderson R. , Mansi S. , Reeb D. M. , "Founding – family Own-
ership and the Agency Cost of Debt", *Journal of Financial Eco-
nomics*, Vol. 68, No. 2, 2003.

[85] Anderson R. , Reeb D. M. , "Board Composition: Balancing
Family Influence in S & P 500 Firms", *Administrative Sciences
Quarterly*, Vol. 49, No. 2, 2004.

[86] Anderson R. , Reeb D. M. , "Founding Family Ownership and
Firm Performance: Evidence from the S & P 500", *Journal of Fi-
nance*, Vol. 58, No. 3, 2003.

[87] Ang J. S. , Cole R. A. , and Lin J. W. , "Agency Costs and Own-
ership Structure", *Journal of Finance*, Vol. 55, No. 1, 2000.

[88] Arkebauer J. B. , *Cashing Out: The Entrepreneur's Guide to Going
Public*, New York: Harper Business, 1991.

[89] Attig N. , Guedhami O. , Mishra D. , "Multiple Large Sharehold-
ers, Control Contests, and Implied Cost of Equity", *Journal of
Corporate Finance, Elsevier*, Vol. 14, No. 5, 2008.

[90] Bamber L. S. , John J. , Wang I. Y. , "What's My Style?: The
Influence of Top Managers on Voluntary Corporate Financial Disclo-
sure", *The Accounting Review*, Vol. 85, No. 4, 2010.

[91] Baron J. N. , Hannan M. T. , Burton M. D. , "Building the Iron

Cage: Determinants of Managerial Intensity in the Early Years of Organizations", *American Sociological Review*, Vol. 64, No. 4, 1999.

[92] Baron J. N. , Hannan M. T. , Burton M. D. , "Labor Pains: Organizational Change and Employee Turnover in Young, High – tech Firms", American Journal of Sociology, Vol. 106, No. 4, 2001.

[93] Baron R. M. , Kenny D. A. , "The Moderator – mediator Variable Distinction in Social Psychological Research: Conceptual, Strategic, and Statistical Considerations", *Journal of Personality and Social Psychology*, Vol. 51, No. 6, 1986.

[94] Barton D. , Wong S. C. Y. , "Improving Board Performance in E-merging Market", *McKinsey Quarterly*, Vol. 1, No. 1, 2006.

[95] Baysinger B. , Butler H. , "Corporate Governance and the Board of Directors: Performance Effects of Changes in Board Composition", *Journal of Law, Economics & Organization*, Vol. 1, No. 1, 1985.

[96] Beasley et al. , "Fraudulent Financial Reporting: Consideration of Industry Traits and Corporate Governance Mechanisms", *Accounting Horizons*, Vol. 14, No. 11, 2000.

[97] Beasley M. , "An Empirical Analysis of the Relation between the Board of Director Composition and Financial Statement Fraud", *Accounting Review*, Vol. 71, No. 4, 1996.

[98] Becker G. S. , *Human Capital*, New York: Columbia University Press, 1964.

[99] Beckman C. M. , Burton M. D. , "Founding the Future: Path Dependence in the Evolution of Top Management Teams from Founding to IPO", *Organization Science*, Vol. 19, No. 1, 2008.

[100] Begley T. M. , "Using Founder Status, Age of Firm and Company Growth Rate as the Basis for Distinguishing Entrepreneurs from Managers of Smaller Business", *Journal of Business Venturing*, Vol. 10, No. 3, 1995.

[101] Berry T. K. , Fields L. P. and Wilkins M. S. , "The Interaction Among Multiple Governance Mechanisms in Young Newly Public Firms", *Journal of Corporate Finance*, Vol. 12, No. 3, 2006.

[102] Bertrand M. , Mullainathan S. , "Enjoying the Quiet Life? —— Corporate Governance and Managerial Preferences", *Journal of Political Economy*, Vol. 111, No. 5, 2003.

[103] Bertrand M. , Schoar A. , "Managing with Style: The Effect of Managers on Firm Policies", *The Quarterly Journal of Economics*, Vol. 118, No. 4, 2003.

[104] Bhagat S. , Black B. , "The Uncertain Relationship between Board Composition and firm Performance", *Business Lawyer*, No. 3, 1999.

[105] Bingham G. P. , "Dynamics and the Problem of Visual Event Recognition", in R. Port and T. van Gelder (eds.), *Mind as Motion: Dynamics, Behavior and Cognition*, Cambridge, MA: MIT Press, 1995.

[106] Blau P. , Scott R. , "Formal Organizations", San Francisco, CA: Chandler, 1962.

[107] Boeker W. , Wiltbank R. , "Flew Venture Evolution and Managerial Capabilities", *Organization Science*, Vol. 16, No. 2, 2005.

[108] Boyd B. K. , "CEO Duality and Firm Performance: A Contingency Model", *Strategic Management Journal*, Vol. 16, No. 4, 1995.

[109] Brickley B. , Coles J. J. and Jarrell, G. , "Leadership Structure: Separating the CEO and the Chairman of the Board", *Journal of Corporate Finance*, Vol. 3, No. 3, 1997.

[110] Brockhaus A. , Dolger R. , Ewers U. , Kramer U. , Soddemann H. , Wiegand H. , "Intake and Health Effects of Thallium among a Population Living in the Vicinity of a Cement Plant Emitting Thallium – containing Dust", *Int Arch Occup Environ Health*, Vol. 48, No. 4, 1981.

[111] Burkart M. , Panunzi F. and Shleifer A. , "Family Firms", *Journal of Finance, American Finance Association*, Vol. 58, No. 4, 2003.

[112] Cai J. , Garner J. L. , Walking R. A. , "Electing Directors", *Journal of Finance*, Vol. 64, No. 5, 2009.

[113] Cannella A. A. , Lubatkin M. , "Succession as a Sociopolitical Process: Internal Impediments to Outsider Succession", *Academy of Management Journal*, Vol. 36, No. 4, 1993.

[114] Certo S. T. , Covin J. G. , Daily C. M. , Dalton D. R. , "Wealth and the Effects of Founder Management Among IPO Stage New Ventures", *Strategic Management Journal*, Vol. 22, No. 6 – 7, 2001.

[115] Chandler G. N. , Jansen E. , "The Founder's Self – assessed Competence and Venture Performance", *Journal of Business Venturing*, Vol. 7, No. 3, 1992.

[116] Chen C. J. P. , Jaggi B. , "Association between Independent Non-executive Directors, Family Control and Financial Disclosures in Hong Kong", *Journal of Accounting and Public Policy*, Vol. 19, No. 4 – 5, 2000.

[117] Chen G. , Firth M. , Gao D. N. , Rui O. M. , "Ownership Structure, Corporate Governance, and Fraud: Evidence from China", *Journal of Corporate Finance*, Vol. 12, No. 3, 2006.

[118] Clasessens S. , Djankpv S. , Fan J. P. H. , and Lang L. H. P. , "Disentangling the Incentive and Entrenchment Effects of Large Shareholdings", *Journal of Finance*, Vol. 57, No. 6, 2002.

[119] Coles J. , Daniel N. , Naveen L. , "Boards: Does One Size Fit All?", *Journal of Financial Economics*, Vol. 87, No. 2, 2008.

[120] Colew J. , Mcwilliams V. , Sen N. , "An Examination of the Relationship of Governance Mechanisms to Performance", *Journal of Management*, Vol. 27, No. 1, 2001.

[121] Conger J. A. , Finegold D. , Lawler E. E. , "Appraising Boardroom Performance", *Harvard Business Review*, Vol. 76, No. 1, 1998.

[122] COSO, Fraudulent Financial Reporting: 1987 – 1997 An Analysis of U. S. Public Companies, Download from www. coso. org. 1999.

[123] Daily C. M. , Dalton D. R. , "Board of Directors' Leadership and Structure: Control and Performance Implications", *Entrepreneurship Theory and Practice*, Vol. 17, No. 3, 1993.

[124] Daily C. M. , Dalton D. R. , "Financial Performance of Founder – managed Versus Professionally Managed Corporations", *Journal of Small Business Management*, Vol. 30, No. 2, 1992.

[125] Daily C. M. , Dalton D. R. , "CEO and Board Chairperson Roles Held Jointly or Separately: Much Ado about Nothing", *Academy of Management Executive*, Vol. 11, No. 3, 1997.

[126] Defond M. L. and Park C. W. , "The Effect of Competition on CEO Turnover", *Journal of Accounting and Economics*, Vol. 27, No. 1, 1999.

[127] Demsetz H. , Lehn K. , "The Structure of Corporate Ownership: Causes and Consequences", *Journal of Political Economy*, Vol. 93, No. 6, 1985.

[128] Denis D. J. , Denis D. K. and Sarin A. , "Agency Problems, Equity Ownership and Corporate Diversification", *Journal of Finance*, Vol. 52, No. 1, 1997.

[129] Duchesneau D. A. , Gartner W. B. , "A Profile of New Venture Success and Failure in an Emerging Industry", *Journal of Business Venturing*, Vol. 5, No. 5, 1990.

[130] Easterbrook F. , "Two Agency Cost Explanations of Dividends", *American Economic Review*, Vol. 74, No. 4, 1984.

[131] Eisenberg T. , Stefan S. and Martin T. , "Larger Board Size and Decreasing firm Value in Small Frms", *Journal of Financial Economics*, Vol. 48, No. 1, 1997.

[132] Eisenhardt K. M. , Schoonhoven C. B. , "Strategic Alliance Formation in Entrepreneurial Firms: Strategic Needs and Social Opportunity for Cooperation", *Organization Science*, Vol. 7, No. 2, 1996.

[133] Elron E. , "Top Management Teams Within Multinational Corporations: Effects of Worker Heterogeneity", *Leadership Quarterly*, Vol. 8, No. 4, 1997.

[134] Faccio M. , Lang L. , "The Ultimate Ownership of Western European Corporations", *Journal of Financial Economics*, Vol. 65, No. 3, 2002.

[135] Fahlenbrach R. , "Founder – CEOs, Investment Decisions, and Stock Market Performance", *Journal of Financial and Quantitative Analysis*, Vol. 44, No. 2, 2009.

[136] Fama E. F. , Jensen M. C. , "Separation of Ownership and Control", *Journal of Law and Economics*, Vol. 26, No. 2, 1983.

[137] Fama E. F. , "Agency Problems and the Theory of the Firm", *The Journal of Political Economy*, Vol. 88, No. 2, 1980.

[138] Fee C. E. , Hadlock C. J. , "Raids, Rewards, and Reputations in the Market for Managerial Talent", *Review of Financial Studies*, Vol. 16, No. 4, 2003.

[139] Fich E. M. , Shivadasani A. , "Are Busy Boards Effective Monitors?", *Journal of Finance*, Vol. 61, No. 2, 2006.

[140] Finkelstein S. , Hambrick D. , *Strategic Leadership: Top Executives and Their Effects on Organizations*, Minneapolis/St. Paul, MN: West Publishing, 1996.

[141] Finkelstein S. , "Power in Top Management Teams: Dimensions, Measurement, and Validation", *The Academy of Management Journal*, Vol. 35, No. 3, 1992.

[142] Fischer H. , Pollock R. G. , "Effects of Social Capital and Power on Surviving Transformational Change: The Case of Initial Public

Offerings", *Academy of Management Journal*, Vol. 47, No. 4, 2004.

[143] Flamholtz E. G. , *Managing the Transition from an Entrepreneurship to a Professionally Managed Firm*, San Francisco, CA: Jossey – Bass, 1986.

[144] Forbes D. , Milliken F. J. , "Cognition and Corporate Governance: Understanding Boards of Directors as Strategic Decision – making Group", *Academy of Management Review*, Vol. 24, No. 3, 1999.

[145] Gedajlovic E. , Lubatin M. , Schulze W. , "Crossing the Threshold from Founder Management to Professional Management: A Governance Perspective", *Journal of Management Studies*, Vol. 41, No. 5, 2004.

[146] Gillette A. B. , Thomas H. N. , and Michael J. R. , Board Structures around the World: An Experimental Investigation, Georgia State University – Experimental Economics Center Working Paper, 2007.

[147] Gimeno J. , Folta T. B. , Cooper A. C. , Woo C. Y. , "Survival of the Fittest: Entrepreneurial Human Capital and the Persistence of Underperforming Firms", *Administrative Science Quarterly*, Vol. 42, No. 4, 1997.

[148] Haleblian J. , Finkelstein S. , "Top Management Team Size, CEO Dominance, and Firm Performance: The Moderating Roles of Environmental Turbulence and Discretion", *Academy of Management Journal*, Vol. 36, No. 4, 1993.

[149] Hall B. J. , Leibman J. B. , "Are CEOs Really Paid Like Bureaucrats?", *Quarterly Journal of Economics*, Vol. 113, No. 3, 1998.

[150] Hambrick D. C. , Crozier L. , "Stumblers and Stars in the Management of Rapid Growth", *Journal of Business Venturing*, Vol. 29, No. 1, 1985.

[151] Hambrick D. C. , Finkelstein S. , "Managerial Discretion: A

Bridge between Polar Views of Organizations", *Research in Organizational Behavior*, Vol. 9, No. 2, 1987.

[152] Hambrick D. C. , Mason P. , "Upper Echelons: The Organization as a Reflection of Its Top Managers", *Academy of Management Review*, Vol. 9, No. 2, 1984.

[153] Hannan M. T. , Freeman J. , "Organizational Ecology", Cambridge: Harvard University Press, 1989.

[154] Hannan M. T. , Hurton M. D. , Bran J. N. , "Inertia and Change in the Early Years: Employment Relations in Young, High Technology Firms", *Industrial and Corporate Change*, No. 5, 1996.

[155] Harvey K. D. , Shrieves R. E. , "Executive Compensation Structure and Corporate Governance Choices", *Journal of Financial Research*, Vol. 24, No. 4, 2001.

[156] He L. , "Do Founders Matter? A Study of Executive Compensation, Governance Structure and Firm Performance", *Journal of Business Venturing*, Vol. 23, No. 3, 2008.

[157] Hermalin B. E. , Weisbech M. S. , "The Effects of Board Composition and Direct incentives on firm Performance", *Business Financial Research and Policy Studies*, Vol. 20, No. 4, 1991.

[158] Herman E. S. , *Corporate Control, Corporate Power*, Cambridge, UK: Cambridge University Press, 1981.

[159] Hillman A. J. , Dalziel T. , "Boards of Directors and Firm Performance: Integrating Agency and Resource Dependence Perspectives", *The Academy of Management Review*, Vol. 28, No. 3, 2003.

[160] Hofer C. W. , Charan R. , "The Transition to Professional Management: Mission Impossible", *American Journal of Small Business*, Vol. 9, No. 1, 1984.

[161] Hossain M. , Prevost A. K. , Rao R. P. , "Corporate Governance in New Zealand: The Effect of the 1993 Companies Act on

the Relation between Board Composition and Firm Performance", *Pacific – Basin Finance Journal*, Vol. 9, No. 1, 2001.

[162] Hung H., "A Typology of the Theories of the Roles of Governing Boards", *Scholarly Research and Theory Papers*, Vol. 6, No. 2, 1998.

[163] James H., "Owner and Manager, Extended Horizons and the Family Firms", *International Journal of the Economics of Business*, Vol. 6, No. 1, 1999.

[164] Jayaraman N., Khorana A., Nelling E., and Covin J., "CEO Founder Status and Firm Financial Performance", *Strategic Management Journal*, Vol. 21, No. 12, 2000.

[165] Jensen M. C., Meckling W. H., "Theory of the Firm: Managerial Behavior, Agency Costs and Ownership Structure", *Journal of Financial Economics*, Vol. 13, No. 4, 1976.

[166] Jensen M. C., Michael C., "Agency Costs of Free Cash Flow, Corporate Finance, and Takeovers", *American Economic Review*, Vol. 76, No. 2, 1986.

[167] Jensen M. C., Murphy K. J., "Performance Pay and Top – management Incentives", *Journal of Political Economy*, Vol. 98, No. 2, 1990.

[168] Jensen M. C., Ruback R. S., "the Market for Corporate Control", *Journal of Financial Economics*, Vol. 11, No. 1 – 4, 1983.

[169] Jensen M. C., "The Modern Industrial Revolution, Exit, and the Failure of Internal Control Systems", *Journal of Finance*, Vol. 48, No. 3, 1993.

[170] Jensen M. C., "The Takeover Controversy: Analysis and Evidence", *Midland Corporate Finance Journal*, Vol. 4, No. 2, 1986.

[171] Liao J. W., Welsch H., "Social Capital and Entrepreneurial Growth Aspiration: A Comparison of Technology and Non – tech-

nology – based", *Journal of High Technology Management Research*, *Vol. 14*, *No. 1*, *2003*.

[172] Judd C. M. , Kenny D. A. , "Process Analysis: Estimating Mediation in Treatment Evaluations", *Evaluation Review*, Vol. 5, No. 5, 1981.

[173] Karra N. , Tracey P. , Nelson P. , "Altruism and Agency in the Family Firm: Exploring the Role of Family, Kinship, and Ethnicity", *Entrepreneurship Theory and Practice*, Vol. 30, No. 6, 2006.

[174] Katz R. , "The Effects of Group Longevity on Project Communication and Performance", *Administrative Science Quarterly*, Vol. 27, No. 1, 1982.

[175] Kim Y. M. , Cannella A. J. , "Toward a Social Capital Theory of Director Selection", *Corporate Governance*, Vol. 16, No. 4, 2008.

[176] Klaus J. H. , Leyens P. C. , "Board Models in Europe – recent Developments of Internal Corporate Governance Structures in Germany, the United Kingdom, France, and Italy", *European Company and Financial Law Review*, Vol. 1, No. 2, 2004.

[177] Kosnik R. D. , "Greenmail: A Study of Board Performance in Corporate Governance", *Administrative Science Quarterly*, Vol. 32, No. 1, 1987.

[178] Kunze R. J. , *Nothing Ventured*, New York: Harper, 1990.

[179] L. A. A. Berghe V. D. , Baelden T. , "The Complex Relation between Director Independence and Board Effectiveness", *Corporate Governance*, Vol. 5, No. 5, 2005.

[180] L. A. A. Berghe V. D. , Levrau A. , "Evaluating Boards of Directors: What Constitutes a Good Corporate Board?", *Corporate Governance*, Vol. 12, No. 4, 2004.

[181] La Porta R. , Lopez – De – Silanes F. , Shleifer A. , Vishny R. , "Law and Finance", *Journal of Political Economy*,

Vol. 106, No. 6, 1998.

[182] Leblanc R., Gillies J., *Inside the Boardroom——How Boards Really Work and the Coming Revolution in Corporate Governance*, John Wiley & Sons Canada, Ltd., 2005.

[183] Leone A. J., Liu M., "Accounting Irregularities and Executive Turnover in Founder Managed Firms", *The Accounting Review: A Journal of the American Accounting Association*, Vol. 85, No. 1, 2010.

[184] Li F., Srinivasan S., "Corporate Governance when Founders are Directors", *Journal of Financial Economics*, Vol. 102, No. 2, 2011.

[185] Liao J. W., Welsch H., "Social Capital and Entrepreneurial Growth Aspiration: A Comparison of Technology and Non – technology – based Nascent Entrepreneurs", *Journal of High Technology Management Research*, Vol. 14, No. 1, 2003.

[186] Lipton M., Lorsch J., "A Modest Proposal for Improved Corporate Governance", *Business Lawyer*, No. 48, 1992.

[187] Low M., Abrahamson E., "Movements, Bandwagons and Clones, Industry Evolution and the Entrepreneurial Process", *Journal of Business Venturing*, No. 12, 1997.

[188] Lucas R. E., "On the Mechanics of Economic Development", *Journal of Monetary Economics*, Vol. 22, No. 1, 1988.

[189] Mace M. L., *Directors: Myth and Reality*, Boston: Harvard Business School Press, 1986.

[190] Mak Y. T., Kusnadi Y., "Size Really Matters: Further Evidence on the Negative Relationship between Board Size and Firm Value", *Pacific Basin Finance Journal*, Vol. 13, No. 3, 2005.

[191] Mallette P., Fowler K., "Effects of Board Composition and Stock Ownership on the Adoption of Poison Pills", *Academy of Management Journal*, Vol. 35, No. 5, 1992.

[192] Masulis R. W. , Wang C. , Xie F. , "Globalizing the Board-
room——the Effects of Foreign Directors on Corporate Governance
and Firm Performance", *Journal of Accounting and Economics*,
Elsevier, Vol. 53, No. 3, 2012.

[193] Masulis R. W. , "The Impact of Capital Structure Change on Firm
Value: Some Estimates", *Journal of Finance*, Vol. 38,
No. 2, 1983.

[194] Maury B. , "Family Ownership and Firm Performance: Empirical
Evidence from Western European Corporations", *Journal of Cor-
porate Finance*, Vol. 12, No. 2, 2006.

[195] Mcclelland D. C. , "The Achieving Society", Van Nostrand,
Princeton, NJ, 1961.

[196] Mcclelland D. , Bumham D. , "Power Is the Great Motivator",
Harvard Business Review, Vol. 54, No. 2, 1976.

[197] Mcconnell J. , Servaes H. , Lins K. , "Changes in Insider Own-
ership and Changes in the Market Valve of the Firm", *Journal of
Corporate Finance*, Vol. 14, No. 2, 2008.

[198] Mehran H. , "Executive Compensation Structure, Ownership,
and Firm Performance", *Journal of Financial Economics*,
Vol. 38, No. 2, 1995.

[199] Michael C. , Jensen R. S. , "The Market for Corporate Control
The Scientific Evidence", *Journal of Financial Economics*,
Vol. 11, No. 4, 1983.

[200] Mintzberg H. , Waters J. , "Tracking Strategy in an Entrepre-
neurial Firm", *Academy of Management Journal*, Vol. 25,
No. 3, 1982.

[201] Mintzberg H. , "The Structuring of Organizations", *Englewood
Cliffs*, NJ: Prentice – Hall, 1979.

[202] Mishra C. S. , Nielsen J. F. , "Board Independence and Compen-
sation Policies in Large Bank Holding Companies", *Financial*

Management, Vol. 29, No. 3, 2000.

[203] Mizruchi M. S. , "Who Controls Whom? An Examination of the Relation between Management and Board of Directors in Large A-merican Corporation", *Academy of Management Review*, Vol. 8, No. 3, 1983.

[204] Monks A. G. , Minow N. , "Corporate Governance", Blackwell Publishers Inc. , 1995.

[205] Morck R. , Shieifer A. , Vishny R. , "Do Managerial Objectives Drive Bad Acquisitions?", *Journal of Finance*, Vol. 45, No. 1, 1990.

[206] Mundlak Y. , "On the Pooling of Time Series and Cross – section Data", *Econometrica*, Vol. 46, No. 1, 1978.

[207] Murphy K. J. , "Executive Compensation", in *Handbook of Labor Economics*, Elsevier Science (edition 1), 1999.

[208] Muth M. , Donaldson L. , "Stewardship Theory and Board Structure: A Contingency Approach", *Corporate Governance an International Review*, Vol. 6, No. 1, 1998.

[209] Myeong – Hyeon C. , "Ownership Structure, Investment, and the Corporate Value: An Empirical Analysis", *Journal of Financial Economics*, Vol. 47, No. 2, 1998.

[210] Nelson T. , "The Persistence of Founder Influence: Management Ownership and Performance Effects at Initial Public Offering", *Strategic Management Journal*, Vol. 24, No. 8, 2003.

[211] Nicholson G. , Kiel G. C. , "A Framework for Diagnosing Board Effectiveness", *Corporate Governance: An International Review*, Vol. 12, No. 4, 2004.

[212] Palia D. , Ravid A. , "The Role of Founders in Large Companies: Entrenchment or Valuable Human Capital?", Unpublished Working Paper, Rutgers University, Newark, NJ, 2002.

[213] Palia D. , Ravid A. , Wang C. J. , "Founders Versus Non –

founders in Large Companies: Financial Incentives and the Call for Regulation", *Journal of Regulatory Economics*, Vol. 33, No. 1, 2008.

[214] Peng M. W., Luo P., "Managerial Ties and Firm Performance in a Transition Economy: The Nature of a Micro - macro Lin", *The Academy of Management Journal*, Vol. 43, No. 3, 2000.

[215] Penrose E., *The Theory of the Growth of the Firm* (3rd), Oxford, UK: Oxford University Press, 1959.

[216] Perry J. L., "Measuring Public Service Motivation: An Assessment of Construct Reliability and Validity", *Journal of Public Administration Research and Theory*, Vol. 6, No. 1, 1996.

[217] Pfeffer J., Salancik G. R., *The External Control of Organizations: A Resource - dependence Perspective*, New York: Harper & Row, 1978.

[218] Pfeffer J., *Organizations and Organization Theory*, Boston: Pitman, 1982.

[219] Pound J., "The Promise of the Governed Corporation", *Harvard Business Review*, Vol. 73, No. 2, 1995.

[220] Prasad D., Bruton G. D. and Vozikis G., "Signaling Value to Business Angels: The Proportion of the Entrepreneur's Net Worth Invested in a New Venture as a Decision Signal", *Venture Capital*, No. 3, 2000.

[221] Raheja C. G., "Determinants of Board Size and Composition: A Theory of Corporate Boards", *Journal of Financial and Quantitative Analysis*, Vol. 40, No. 2, 2005.

[222] Rechner P., Dalton D., "CEO Duality and Organizational Performance: A Longitudinal Analysis" *Strategic Management Journal*, Vol. 12, No. 2, 1991.

[223] Redding S. G., *The Spirit of Chinese Capitalism*, Walter de Gruyter, 1993.

[224] Renee B. A. , Hermalin B. E. , Weisbach M. S. , "The Role of Boards of Directors in Corporate Governance: A Conceptual Framework and Survey", *Journal of Economic Literature*, *American Economic Association*, Vol. 48, No. 1, 2010.

[225] Reuber A. , Fischer E. , "Understanding the Consequences of Founders' Experiences", *Journal of Small Business Management*, Vol. 37, No. 2, 1999.

[226] Richardson S. , "Over Investment of Free Cash Flow", *Review of Accounting Studies*, Vol. 11, No. 2, 2006.

[227] Robbins S. P. , *The Essentials of Organizational Behavior*, Prentice - Hall: Upper Saddle River, NJ, 2000.

[228] Romer P. M. , "Increasing Returns and Long - run Growth", *Journal of Political Economy*, Vol. 94, No. 5, 1986.

[229] Ronald W. M. , Wang C. and Xie F. , "Globalizing the Boardroom - the Effects of Foreign Directors on Corporate Governance and Firm Performance", *Journal of Accounting and Economics*, Vol. 53, No. 3, 2012.

[230] Rosen S. , "Contracts and the Market for Executives", in Lars Werin and Hans Wijkander, eds. , *Contract Economics*, Cambridge, MA and Oxford: Blackwell, 1992.

[231] Schultz T. W. , "Investment in Entrepreneurial Ability", *Scandinavian Journal*, Vol. 82, No. 4, 1982.

[232] Shane S. , Cable D. , "Network Ties, Reputation and the Financing of New Ventures", *Management Science*, Vol. 48, No. 3, 2002.

[233] Shivdasani A. , Board Composition, Ownership Structure, and Hostile Takeovers", *Journal of Accounting and Economics*, Vol. 16, No. 1 - 3, 1993.

[234] Shleifer A. , Vishny R. W. , "A Survey of Corporate Governance", *Journal of Finance*, Vol. 52, No. 2, 1997.

[235] Shleifer A. , Vishny R. W. , "Management Entrenchment: The Case of Manager – specific Investments", *Journal of Financial Economics*, Vol. 25, No. 1, 1989.

[236] Singh M. , Davidson W. , "Agency Costs, Ownership Structures and Corporate Governance Mechanisms", *Journal of Banking and Finance*, Vol. 27, No. 5, 2003.

[237] Starr J. A. , MacMillan I. C. , "Resource Cooptation Via Social Contracting: Resource Acquisition Strategies for New Ventures", *Strategic Management Journal*, Vol. 11, No. 1, 1990.

[238] Stevenson H. H. , Jarillo J. C. , "A Paradigm of Entrepreneurship: Entrepreneurial Management" *Strategic Management Journal*, No. 11, 1990.

[239] Timmons J. A. , "Characteristics and Role Demands of Entrepreneurship", *American Journal of Small Business*, Vol. 3, No. 1, 1978.

[240] Tricker R. , *International Corporate Governance*, Prentice Hall, 1994.

[241] Tushman M. L. , Romanelli E. , "Organizational Evolution: A Metamorphosis Model of Convergence and Reorientation", In Cummings L. L. , Staw B. M. (eds.), *Research in Organizational Behavior*, Greenwich: JAI Press, 1985.

[242] Vafeas N. , "Board Meeting Frequency and Firm Performance", *Journal of Financial Economics*, Vol. 53, No. 1, 1999.

[243] Vesper K. H. , *New Venture Experience*, Seattle, WA: Vector Books, 1996.

[244] Villalonga B. , Amit R. , "How Are US Family Firms Controlled?", *Review of Financial Studies*, Vol. 22, No. 8, 2009.

[245] Villalonga B. , Amit R. , "How do Family Ownership, Control, and Management Affect Firm Value?", *Journal of Financial Economics*, Vol. 80, No. 2, 2006.

[246] Wade J. , Pollock T. , Porac J. , "Worth, Words, and the Jus-

tification of Executive Pay", *Journal of Organizational Behavior*, Vol. 18, No. S1, 1997.

[247] Walsh J. P., Seward J. K., "On the Efficiency of Internal and External Corporate Control Mechanisms", *Academy of Management Review*, Vol. 15, No. 3, 1990.

[248] Ward J. L., "Keeping the Family Business Healthy", San Francisco: Jossey – Bass, 1987.

[249] Warfield T. D., Wild J. J., and Wild K. L., "Managerial Ownership, Accounting Choices, and Informativeness of Earnings", *Journal of Accounting and Economics*, Vol. 20, No. 4, 1995.

[250] Wasserman N., "Founder CEO Succession and the Paradox of Entrepreneurial Success", *Organization Science*, Vol. 14, No. 2, 2003.

[251] Weisbach M., "Outside Directors and CEO Turnover", *Journal of Financial Economics*, Vol. 20, No. 1, 1988.

[252] Whistler T. L., *Rules of the Game: Inside the Corporate Board Room*, Homewood, IL: Dow Jones – Irwin, 1984.

[253] Willard G. E., Krueger D. A., Feeser H. R., "In Order to Grow, must the Founder Go: A Comparison of Performance between Founder and Non – founder Managed High – growth Manufacturing Firms", *Journal of Business Venturing*, Vol. 7, No. 3, 1992.

[254] Xia L. J., "Founder Control, Ownership Structure and Firm Value: Evidence from Entrepreneurial Listed Firms in China", *China Journal of Accounting Research*, Vol. 1, No. 1, 2008.

[255] Yermack D., "Higher Market Valuation of Companies with a Small Board of Directors", *Journal of Financial Economics*, Vol. 40, No. 3, 1996.

[256] Zahra S. A., Pearce L. L., "Boards of Directors and Corporate Financial Performance: A Review and Integrative Model", *Journal of Management*, Vol. 15, No. 2, 1989.

后 记

本书是在我博士学位论文的基础上修订完成的。

感谢我的博士导师马连福教授，正是在马老师关怀和指导下，我才顺利完成了学业和本书稿。在博士学习期间，我参与了许多很有价值的课题项目，参加了许多开阔眼界的学术会议与论坛，无论理论认知还是实践能力都得到了很大程度的提升。也要感谢慈爱的师母张老师对我们的关怀，感觉感谢这两个字的分量太轻了，不足以代表对恩师及师母的情感，您二位将是我们一生学习的楷模。同样也要感谢在南开期间各位老师的教诲和指导。

在本书的修改过程中，与首都经贸大学王元芳老师和天津工业大学沈小秀进行了细致的讨论，在此表示感谢。感谢南开大学的薛有志教授、黄福广教授、郝臣副教授、清华大学的宁向东教授和中国社会科学院鲁桐教授，感谢他们对本书的修改完成提出的宝贵意见。

感谢我的硕士导师黄鹏章教授给予的支持与教诲，感谢张双才教授、于强教授的指导和关注。

当本书终要完结，真正的安静下来写这致谢的时候，20 多年求学生涯的点点滴滴、如烟往事一一闪现。回忆起当时三年的博士生活，感慨、欣慰、痛苦、快乐，五味杂陈，诸多感受。南开精神体会至深，既有这越难越开、迎难而上的内涵，又有智圆行方、行者无疆的格调，更有日新月异、允公允能的血脉。此生难以循环，今生无悔选择读博、选择南开。

最后，感谢生我、养我的父母，你们的爱永远是我最大的眷恋！30 多年来你们对我的辛勤付出和溺爱，支持着我走自己的路，"谁言寸草心，报得三春晖"，如今孩儿已长大，唯有努力工作、修身齐家才能报答你们天大的恩情！感谢两个可爱的小侄子石崇、石畅，你们每打一个电话对我来说就是一次节日，看着你们一天天长大，我很幸福。今生有你们的陪伴才有这一路的美好风景和欣赏风景的心态，我爱你们！

感谢我的爱人张雅彬女士，感谢她给予我的理解和支持。

人生路继续前行，我将上下而求索。

石晓飞

2016 年 1 月